I

DU

GOUVERNEMENT HÉRÉDITAIRE

EN FRANCE

ET

DES TROIS PARTIS QUI S'Y RATTACHENT.

NAPOLÉON II.

UN D'ORLÉANS. — HENRI V.

Imp. Dondey-Dupré, r. St-Louis, 46, au Marais.

DU
GOUVERNEMENT HÉRÉDITAIRE
EN FRANCE

ET

DES TROIS PARTIS QUI S'Y RATTACHENT.

NAPOLÉON II.

UN D'ORLÉANS. — HENRI V.

PAR

LOUIS COUTURE.

Les Capétiens sont nés, à la fin du dixième siècle, avec la féodalité ; ils devaient disparaître, et ils ont en effet disparu à la fin du dix-huitième, avec la noblesse.

Les Bonaparte sont nés avec la démocratie; c'est à eux de la gouverner (Page 187)

PARIS
MICHEL LÉVY FRÈRES, LIBRAIRES-ÉDITEURS,

RUE VIVIENNE, 1.

1850

ves de la gloire céleste. L'orgueil de l'homme s'est révolté contre Dieu ; il a cherché partout une vérité à opposer à la vérité du Seigneur, et les poëtes , dans leur ivresse mauvaise , ont prêté à la révolte et au blasphème ces chants qu'ils reçurent pour la louange de Dieu et la consolation des douleurs.

Le paradoxe! le paradoxe! c'est la seule arme de l'impiété. — Hélas ! et c'est aussi la première séduction de la jeunesse impatiente et curieuse. Le paradoxe, nous en avons tous fait avec fureur, et comme par instinct , et comme si la vérité était épuisée. Le paradoxe n'était pas seulement dans la pensée, il était dans la forme , il était dans la gaieté , et nous nous étions fait même des tristesses paradoxales. C'est le paradoxe , je vous le dis, qui a fait la révolution , et son sens véritable et sincère s'est résumé dans un paradoxe vivant :— le franc-comtois Nodier, sceptique et bon, a engendré le franc-comtois Proudhon , haineux et athée. Des coups de ce dernier, il est vrai, le paradoxe ne se relèvera jamais; comme le scorpion, il s'est tué du venin de sa propre piqûre, et avec le paradoxe la révolution a été blessée au cœur, car lui-même, je le répète, il est la révolution. Mais qui doit s'acharner à guérir leur ravage, si ce n'est nous qui les avons longtemps nourris aveuglément du meilleur de nous-mêmes ?

Eh ! la veille même du 24 février, quelques esprits déliés et droits commençaient à voir clair dans le courant fangeux de ces funestes inquiétudes, qui, à force de prendre le contre-pied du simple, ne distingaient plus le bien du mal. C'est ce sentiment pieux et généreux que je suis aise, le lendemain de la grande tempête, de retrouver dans ce petit livre d'ami, éclos et imprimé dans les premiers mois d'hiver de 1847. Il a tous les vices et les charmes du rhythme paradoxal d'alors; mais les sensations en sont graves, et le cœur y est sain. Les pieds étaient encore entortillés d'erreur, mais la tête était libre et tournée au vrai. — Et c'est ainsi qu'il nous faut tous faire. Guerre à l'orgueil humain, amour et soumission profonde aux vérités primordiales de la loi divine, de la loi de famille, de la loi de patrie ! On ne bâtit jamais rien sur l'orgueil; sur l'humilité seule s'édifient les sociétés durables.

A l'ouvrage, ô jeunes poëtes, prenons la truelle, faisons-nous francs-maçons, non plus pour démolir, mais pour reconstruire. Soyons les Amphions du

vieux monde recrépi. La démolition est œuvre
de désespoir, et nous sommes gens d'espérance.
Toutes noircies qu'elles soient par ces temps mal-
heureux, allons, allons, les pierres sont bonnes,
c'est ciment qui s'est usé. Dieu fit les poëtes hommes de foi : or, pour le palais de l'avenir, le ciment
c'est la foi.

PH. DE CHENNEVIÈRES - POINTEL.

3 décembre 1849.

Rois, nobles, bourgeois et peuple, tous n'avons-nous pas à nous accuser de cette révolution de 1848 qui a inondé nos âmes de tant de troubles et de misères?—Mais les poëtes, les premiers, doivent s'en meurtrir la poitrine, car les poëtes l'ont rêvée, car les poëtes l'ont voulue, car les poëtes nous ont menés au bourbier par des sentiers de fleurs.

Les anciens se fatiguèrent de la justice d'Aristide; les penseurs de notre temps se sont fatigués de la vérité éternelle. Depuis soixante ans, nous sommes affamés de mensonge et de confusion, altérés de paradoxes. Depuis soixante ans, sortis des croyances simples et révélées de la destinée humaine, nous n'avons plus voulu de la souffrance qui est l'épreuve du bonheur céleste; nous n'avons plus voulu de l'obéissance ni de l'humilité, épreu-

Les défenseurs de la société actuelle n'ont, ni assez d'inquiétudes, ni assez d'espérances.

Ils me semblent ne pas comprendre suffisamment tout ce que notre société retrouverait de puissance, si elle rentrait immédiatement sous la forme de gouvernement qui lui convient, et tout ce qu'elle perd chaque jour de vitalité, en n'y rentrant pas.

C'est que malheureusement les anciens partis sont restés, au fond, ce qu'ils étaient. Ils ne s'entendent que pour maintenir l'ordre matériel dans le présent; quant à l'avenir, ils ne font qu'ajourner leurs projets : politique d'arrière-pensée et de réticences, qui n'aboutit qu'à perpétuer l'anarchie, au nom même de l'ordre.

Pour aider à sortir de cette voie qui conduit à l'abîme, je veux préciser, dans cet écrit, les seules conditions politiques auxquelles le salut de notre civilisation est possible.

Ma conviction est assez profonde pour que j'aie le droit de parler avec une entière franchise.

PREMIÈRE PARTIE.

Ce n'est point la liberté de tous, ce n'est que l'ambition de quelques-uns que comprime le principe de l'hérédité appliqué à la personne du chef de l'État.

La liberté de tous, la véritable souveraineté nationale cherche inutilement sa base ailleurs que dans l'organisation du pouvoir parlementaire (page 82).

PREMIÈRE PARTIE.

—◄◆►—

CHAPITRE PREMIER.

Ce que c'est qu'un conservateur depuis 1848. — Quels sont ses ennemis.

Dans les temps ordinaires, les partis ne diffèrent entre eux que sur des questions de gouvernement, de formes politiques.

Les principes sur lesquels la société repose, restent en dehors du débat.

Mais depuis Février, c'est la société elle-même, bien plus que telle ou telle forme du pouvoir, qui est remise en question.

Aujourd'hui, dès lors, ce n'est plus sur des questions de gouvernement, sur des question de convenances politiques, c'est sur les conditions elles-mêmes de l'existence de la société que doivent se classer les partis.

Il suit de là que, pour bien établir maintenant le vrai caractère du conservateur, il suffit de montrer sur quels fondements la société moderne est assise.

Eh bien, sous tous les progrès qui depuis plus de vingt siècles s'ajoutent les uns aux autres en Europe et dont se compose aujourd'hui la civilisation, nous trouvons constamment trois principes fondamentaux desquels tous ces progrès découlent et sur lesquels tous ces progrès s'appuient : la nationalité, la famille, la propriété.

Donc celui-là seul est conservateur qui, avant tout, défend la nationalité, la propriété, la famille.

Depuis vingt ans déjà la nationalité est chez nous en péril. Elle est battue en brèche par des systèmes économiques autant que par des systèmes philosophiques, et surtout par les invariables pratiques du dernier règne.

La guerre civile, éclatant dans presque tous les états d'Europe à la suite de ces dix-huit années de paix à tout prix, indique d'une façon terrible aux conservateurs qu'il est temps, grand temps, de relever l'esprit de nationalité.

Non pas depuis vingt ans, comme la nationalité, mais seulement depuis deux années, la propriété et la famille sont également attaquées chaque jour.

Dans la société actuelle, le travail a eu jusqu'à présent la famille pour but, et la propriété a la famille pour base. Dans cette société, en effet, chacun travaille ou possède pour soi et pour les siens. Et comme l'homme se sent mal à l'aise dans sa vie, si elle doit finir tout entière avec lui, chacun de nous ne se regarde au bout de sa tâche que lorsque sa famille vit non-seulement du travail de chaque jour, mais du produit de son travail accumulé.

La propriété par famille, voilà en un mot le principal caractère économique de notre société.

C'est aussi contre ce mode de posséder que s'acharnent, depuis deux ans, des haines sans exemple jusqu'à nos jours.

Oubliant que le besoin d'amasser, hideux à voir dans l'homme seul, devient pour qui vit au milieu des siens une douce vertu de la famille; oubliant que l'assiette actuelle de la propriété moralise l'homme autant qu'elle l'excite au travail, les uns voudraient lui substituer une sorte de propriété par Commune, les autres une sorte de propriété par Etat; et il s'est même rencontré, parmi les nouveaux apôtres du sensualisme, un sectaire qui, voulant sans doute que l'homme ne songeât qu'à lui seul, fait la propriété individuelle, en détruisant le revenu par ce qu'il appelle *la gratuité du crédit*.

Contre les uns et les autres de ces sectaires,

le devoir du conservateur est de défendre la
richesse publique, et la moralité de tous.

Mais ces grandes institutions confiées à sa
garde ont d'autres ennemis que les socialistes
qui les attaquent ouvertement, et qui mettent
leur nom sur leur drapeau. Il faut que le conservateur apprenne à connaître ses ennemis,
de quelque espèce qu'ils soient, et qu'il sache
surtout que parmi ses adversaires, les plus à
craindre ne sont pas ceux qui marchent la tête
haute et doctrines découvertes.

Il y a les socialistes honteux, qui ne croient
pas encore le moment venu d'attaquer de front
la nationalité, la famille et la propriété; de
même il y a des socialistes involontaires, qui
minent ce qu'ils ne veulent pas renverser. Les
uns comme les autres commencent par enlever à ces institutions fondamentales les devoirs attachés à chacune d'elles, s'efforçant d'y
suppléer par des innovations plus ou moins

directement empruntées aux doctrines communistes ; les uns, il est vrai, ne prévoyant pas, mais les autres sachant très-bien que les devoirs détruits, les droits ne peuvent long-temps survivre (1).

Le conservateur sait maintenant qui il est, et quels sont ses ennemis. Pour être certain de la victoire, il lui reste à connaître toute l'étendue de sa puissance.

(1) Parmi les socialistes involontaires ou honteux, je place en première ligne ceux qui veulent enlever à la famille, pour les donner à la Commune ou à l'État, les enfants et les vieillards. Enlever à la famille l'enfance et la vieillesse, n'est-ce pas lui enlever l'espérance et le souvenir? N'est-ce pas la nier dans ce qu'elle a de plus touchant et de plus élevé?

Avec ce nouveau système, par exemple, de *l'enseignement gratuit et obligatoire*, il n'y aurait plus de pères de famille en France. Celui qui nourrit le corps pendant les premières années, mais à qui l'on enlève ensuite le cœur et l'esprit de l'enfant, est-il autre chose qu'un père nourricier?

CHAPITRE II.

De l'avenir du nouveau parti conservateur.

> Gouverner les campagnes, et contenir les grandes villes, telle doit être, depuis l'établissement du suffrage universel, la règle de conduite de tout gouvernement sage.

La civilisation actuelle a-t-elle dit son dernier mot dans notre pays, et doit-elle périr parce que son œuvre est achevée?

Le suffrage universel, interrompant son œuvre, doit-il la tuer avant le temps?

Il est bien évident que la politique de la France doit continuer à être conservatrice, si de ces deux hypothèses, comme nous le pensons, l'une n'est pas plus fondée que l'autre.

Commençons par examiner la première.

§ I.

Pour peu que l'on examine l'Europe dans ses rapports avec le reste du monde ; pour peu qu'on examine également les rapports des différents États de l'Europe les uns avec les autres, il est impossible de ne pas reconnaître que le rôle des nationalités est loin d'être fini.

Rien n'est définitivement fixé entre les grands États de l'Europe, ni dans leurs circonscriptions territoriales, ni dans leurs relations de puissance. Quel est en effet celui de ces États qui a sincèrement abdiqué toute ambition quant à l'avenir de ses frontières ? Il est plus évident encore que l'Europe n'a point tiré tous les avantages de son incontestable supériorité sur le reste du monde, et que le monde, en échange, n'a point reçu de l'Europe tous les bienfaits qu'il est en droit d'en attendre.

L'heure de la décadence ne sonna pour Rome que lorsqu'elle eut soumis à sa puissance et conquis à son organisation tous les peuples situés dans le bassin méditerranéen dont elle ne pouvait sortir. Au sud, elle était limitée par les déserts de l'Afrique. Au nord, les peuplades de la Germanie n'étaient pas assez fixées pour qu'elle pût les soumettre. L'état de la navigation ne lui permettait pas d'aller à l'ouest chercher de nouvelles conquêtes de l'autre côté de l'Océan. A l'est, des obstacles géographiques qui existent encore aujourd'hui s'opposaient à ce qu'une armée s'avançât, par voie de terre, sur les Indes.

L'immortel honneur de la civilisation romaine, c'est de n'être morte qu'au bout de sa tâche, de ne s'être arrêtée que là où pour elle commençait l'impossible.

Ce serait l'éternel déshonneur des grandes nationalités de l'Europe de s'arrêter là où, pour elles, il reste encore tant de choses à faire.

Ajoutons même que jamais à aucune époque le sentiment de la nationalité ne fut plus indispensable à l'ordre que de notre temps.

Le rôle des nationalités a constamment diminué ou grandi, selon que les idées religieuses ont pris une part plus ou moins active dans la direction politique des affaires. Le système religieux d'avant le christianisme, le polythéisme, était trop peu organisé lui-même pour avoir une initiative sérieuse dans le gouvernement de l'antiquité. Il ne pouvait être et il n'a été qu'un instrument aux mains des hommes d'État. Aussi l'histoire ancienne ne parle point d'hérésies ; c'est à peine si elle parle de diversité de religions : on ne trouve inscrits dans ses pages que des noms de nationalités, des noms de Perses, de Grecs, de Romains, de Carthaginois, etc., etc. Au contraire, au commencement de l'ère nouvelle, à mesure que se développe la puissante organisation de l'unité chrétienne, les nationalités s'effacent, et semblent presque disparaître devant les nouvelles passions de l'humanité, les hérésies. Avant d'être d'un pays quelconque, on était surtout Arien, Pélasgien, Iconoclaste ; et lorsque la lutte entre ces hérésies passe sur le second plan, c'est la lutte entre deux religions qui passe sur le premier. Pendant les croisades, les nationalités sont tellement oubliées, qu'en Afrique et en Asie, un seul nom suffit pour désigner tous les peuples de la famille européenne, le nom de Francs. Enfin, de Grégoire VII à Innocent III, il n'est pas de gouvernement en Europe qui ne soit, en réalité, gouverné par la papauté.

Les nationalités recommencent à jouer le premier rôle lorsque le protestantisme eut définitivement rompu chez nous l'unité religieuse. Aux luttes de religion du seizième siècle, restées indécises, succèdent au dix-septième les luttes des maisons de France et

d'Autriche, et des autres nationalités euro-
péennes qui se lèvent à la fois.

C'est qu'en effet on ne saurait gouverner
un État sans prendre son point d'appui dans
les idées de religion ou de nationalité.

Toute question de politique intérieure tend
à partager le pays en deux, et pousse à la
guerre civile. Pour résister à ce dissolvant et
étouffer ces germes de troubles, il faut nécessairement faire appel à des préoccupations
de politique extérieure, au sentiment de nationalité comme en 92, ou, comme au moyen
âge, à des préoccupations d'un ordre plus général encore, à ce qui n'est, après tout, que
la question extérieure par excellence, aux
questions religieuses.

Qu'on suppose l'absence des questions de
nationalité à la fin du siècle dernier, et qui
pourrait répondre que la révolution n'eût pas
conduit la France, de l'anarchie des partis jusqu'à une séparation des provinces ?

Une des aberrations les plus funestes de ce temps, l'erreur peut-être qui depuis vingt années a le plus favorisé l'anarchie, et contribué à cette dissolution dont est menacée la société européenne, c'est cette inconcevable erreur de plusieurs des hommes d'État d'aujourd'hui, qui veulent demander aux doctrines humanitaires les principes d'ordre politique, les moyens de gouvernement, demandés autrefois par nos pères aux idées religieuses, et au sentiment de nationalité.

Est-il besoin de prouver combien tout pouvoir a vite rendu l'obéissance facile, et surtout certaine, quand il peut prendre son point d'appui dans l'entière communauté des croyances religieuses ? On conçoit de même que ce pouvoir est également fort quand il parle au peuple, au nom de la nationalité. La nationalité d'un pays est une œuvre longuement élaborée, à laquelle chaque génération apporte patiemment son dévouement; et c'est

le propre de la nature de l'homme, que
l'homme mette son bonheur et son amour là
où il a mis son dévouement et sa peine.

Mais un pouvoir continue-t-il à être sérieux, alors qu'il croit se faire plus puissant et
plus fort en rappelant au citoyen qu'il est un
homme?

Ce n'est pas à coup sûr dans ce qu'il ap-
prend de nouveau que cet aperçu politique
puise une grande autorité. Le citoyen sait
parfaitement qu'il est homme, autant ni plus
ni moins qu'un autre citoyen. Il sait tout aussi
bien qu'il n'a eu besoin de rien faire pour le
devenir, et qu'il continuera de l'être, quoi
qu'il fasse. L'homme d'État humanitaire ne
peut donc s'adresser ni à l'orgueil ni aux regrets du passé, pas plus qu'au désir ou à la
crainte pour l'avenir. Il ne peut s'adresser
à aucun des grands motifs de l'activité de
l'homme, à aucun instinct puissant de la
nature humaine. Qu'il s'agisse d'imposer un

sacrifice, qu'il faille prêcher la conciliation des intérêts, sur quoi donc pourra-t-il baser ses ordres ou ses conseils, pour peu qu'il reste placé à son point dee vu?

Un puissant esprit écrivait, il y a un demi-siècle : « J'ai vu dans ma vie des Français, des Italiens, des Russes: je sais même, grâce à Montesquieu, qu'on peut être Péruvien ; mais quant à l'homme, je déclare ne l'avoir rencontré de ma vie : s'il existe, c'est bien à mon insu. » Cette pensée profonde de M. de Maistre devrait être inscrite aujourd'hui à la tête de tout traité politique. L'idée d'homme, en effet, n'appartient point à la politique, à l'art de gouverner les hommes. Pour établir un ordre quelconque et le maintenir, on ne peut évidemment s'appuyer sur une qualité ou une propriété qui soit commune au même degré à ce qui doit être classé ou gouverné.

L'idée d'homme ressort du domaine des sciences physiologiques. Que la politique la

laisse là où elle est à sa place, dans une clas-
sification d'histoire naturelle.

Les doctrines humanitaires peuvent fournir
aux rhéteurs matière et prétexte à des paroles
sonores, elles ne fourniront jamais à l'homme
d'état le point de départ d'une politique sérieuse.

Si nous ne voulons pas qu'il nous soit re-
proché dans l'avenir de n'avoir de l'héritage
de nos pères conservé que leurs erreurs à nos
fils; si nous ne voulons pas que ce soit la honte
de notre siècle d'avoir fondé la décadence,
hâtons-nous de rentrer dans la réalité, de replacer plus que jamais la civilisation européenne, sous la sauvegarde de l'esprit de nationalité.

Pas plus que la nationalité, notre institution fondamentale de la propriété par famille
n'est au bout de ses bienfaits.

Grâce à elle, nos mœurs s'adoucissent et s'épurent. La moralité de tous n'a cessé de s'élever, si l'on excepte les tristes années du dernier règne. Grâce à elle, la production s'accroît sans cesse ; et l'on reconnaît chaque jour de plus en plus combien l'esprit de famille pousse indéfiniment l'homme au travail.

Les embarras de notre époque, pour qui y regarde de près, ne sont que des difficultés de répartition. Ces difficultés trouveront leur solution plus tard. On peut même reconnaître qu'elles s'en approchent chaque jour, quoique trop lentement sans doute.

Dans un pays gouverné par le suffrage universel, où les droits politiques sont les mêmes et s'exercent en commun, où la différence d'éducation entre les diverses classes de la société tend à s'effacer de plus en plus, les classes ouvrières, dans les questions de salaire comme dans les autres, doivent infailliblement ressentir bientôt les avantages du nombre.

Au reste, la plus étrange solution de cette difficulté de partage serait, on l'avouera, de détruire l'esprit de famille, c'est-à-dire de détruire ce qui excite l'homme à une production sans fin, et de diminuer ainsi ce qui est à partager.

Pourquoi donc la civilisation de l'Europe moderne serait-elle vieille, vieille jusqu'à devoir mourir, si tout ce qui la constitue au fond est encore si vivace : la nationalité, la propriété et la famille?

§ II.

De la révolution de 1848, ou du suffrage universel dans ses
rapports avec la politique conservatrice.

Avant le 24 Février, personne, assurément,
n'eût osé prétendre que la société française
allait mourir de vieillesse.

La révolution de Février aurait-elle donc
déposé des germes de mort dans son sein?

Ce qui constitue cette révolution, c'est,
suivant quelques-uns, l'avénement de la souveraineté du peuple. Ce n'est, en dernière
analyse, que l'établissement du suffrage universel.

En ce qui regarde la souveraineté du peuple, nous commencerons par faire observer à
ceux qui s'imaginent avoir, ce jour-là, érigé
le peuple en souverain, qu'il l'était avant leur

déclaration tout autant qu'il l'a été depuis. Il est clair qu'il n'avait point attendu cette proclamation de sa souveraineté pour être maître, et maître absolu, en 1830 comme en 1848.

C'est que la souveraineté du peuple est bien plus un fait que ce n'est un principe, comme le prétendent les métaphysiciens de la République.

Ce fait, il est vrai, est si considérable, et si grand, que dès qu'il se montre, tous les autres s'inclinent devant lui comme ses conséquences. Mais par cela même que ce n'est qu'un fait, les hommes politiques n'ont pas autre chose à faire qu'à étudier quand et comment il se produit.

Evidemment, le peuple peut dès qu'il veut; et pour qu'il veuille, il suffit qu'il sache. Donc, pour déterminer les conditions de la souveraineté du peuple, il ne faut que déterminer dans quelles circonstances le peuple peut savoir, et sous quelle forme se manifestera sa volonté.

La révolution de 1848 n'a pas eu d'autre portée sérieuse que de changer, dans notre pays, cette double condition de la souveraineté du peuple.

Avant cette révolution, le peuple des villes seul pouvait savoir. Dans la réalité, il était seul souverain, et, à un jour donné, cette souveraineté du peuple des villes se traduisait en une émeute qui devenait la révolution... En 1848, il y avait un demi-siècle que la difficulté de connaître et de s'entendre avait tenu les campagnes à l'écart. En leur adressant un appel direct, le suffrage universel a suppléé à l'insuffisance de leur initiative : toute la révolution est là.

Et ce ne sont point heureusement des adversaires, ce sont des auxiliaires que le parti conservateur a trouvés dans ces nouveaux venus de la politique.

Par essence et par position, les populations ouvrières des villes tendent à être révolutionnaires; par essence et par position également, les populations des campagnes sont conservatrices.

Dans les villes, en effet, le travail est généralement gouverné par la spéculation des hommes. Telle industrie aujourd'hui est le but de toutes les espérances, et par suite de tous les efforts, parce que l'on croit, à tort ou à raison, que ses produits s'écouleront facilement. Mais ce qui est gouverné par la spéculation de l'homme est souvent gouverné par l'erreur: et, dans cet ordre de faits, l'erreur est non-seulement la ruine du maître, c'est aussi, ce dont la société doit bien plus se préoccuper, une cessation de travail quelquefois très-longue pour tous les ouvriers que ce maître emploie. De là, pour les ouvriers des villes, naît malheureusement une grande inégalité dans les conditions de leur existence;

de là, pour eux, tous les conseils dont, à certains jours, la misère trouble et égare leurs esprits.

Dans les campagnes, au contraire, c'est par la nature que le travail est réglé; il est réglé principalement par le mouvement périodique et éternellement le même des saisons de l'année. Le travailleur de l'agriculture n'a point à craindre de voir à la fin d'une semaine la manufacture se fermer devant lui. Le champ, que tous les ans il ensemence en automne et moissonne en été, est tous les ans de la même grandeur; tous les ans, il lui demande la même quantité de travail, et il la lui demande aux mêmes époques. Là où nécessairement la position du travailleur est aussi fixe, là où le chômage ne peut presque jamais l'atteindre, son esprit est aussi nécessairement calme; et dès que l'esprit est calme, on peut assurer avec certitude que si tous les progrès sont possibles, les révolutions ne le sont pas.

On ne se figure point jusqu'à quelle profondeur les sentiments de nationalité et d'esprit de famille ont poussé racine au cœur des campagnes. On ne comprend pas ce qu'il a été donné de force et de vitalité nouvelles à la nationalité et à la famille, le jour où les paysans ont été appelés à voter.

La vie de l'homme des campagnes se passe tout entière dans le même cercle d'affections. Quand il se repose, comme dans son travail, il est constamment entouré des siens. Aussi, dans ces relations si constantes, le sentiment de la famille se développe si puissamment que les serviteurs eux-mêmes, les domestiques, finissent bientôt par devenir, selon l'étymologie du mot, les hommes de la maison. L'habitant des villes n'a pas de domestiques, il n'a que des gens qui le servent.

Dans les loisirs du dimanche, chaque soir à la veillée, l'homme que l'on écoute autour du foyer du paysan, et qui parle des choses lointaines que seul il a vues, quel est-il? c'est toujours un soldat : c'est dire que les mots d'honneur et de patrie sont toujours dans sa bouche, comme dans l'imagination et dans le cœur de tous ceux qui l'entendent. Les portraits de l'empereur suspendus dans chaque chaumière ont été achetés à la suite du récit d'un vieux soldat.

Nationalité, famille, tout est dans ces deux mots pour l'homme de la campagne.

Qu'on n'objecte pas qu'à la fin du siècle dernier, les campagnes furent aussi profondément révolutionnées que les villes. En 89, la révolution avait des causes tout autres que celles d'aujourd'hui ; et ces causes existaient plus profondément encore pour les campagnes peut-être que pour les villes. Nulle part la tourelle ne se voyait plus souvent, et surtout plus haute, qu'à côté d'une chaumière.

Aux questions politiques d'alors ont succédé pour nous les questions de travail. Si l'on ne cherche point à ressusciter un passé impossible, si l'on ne va point imprudemment chercher des causes de troubles ailleurs que dans les besoins actuels de notre société, on peut répondre que les campagnes resteront paisibles ; on peut répondre qu'elles attendront avec calme les progrès que le temps apporte chaque jour, quand il ne détruit pas.

A cet égard, malheureusement le parti conservateur n'en est point à sa première faute.

Il présente sans cesse aux suffrages des électeurs des candidats dont les antécédents politiques excitent les défiances du peuple. A l'apparition de certains hommes dont les regrets sont connus, les campagnes craignent que les conservateurs ne veuillent pas se borner à conserver la société actuelle, la société de 89.

Là, est la principale cause de la plupart des derniers échecs électoraux du parti de l'ordre.

Que l'on excepte, en effet, la représentation de Paris et de Lyon, villes placées, comme

les grands centres manufacturiers, dans une
situation politique particulière, et il est impossible de ne pas reconnaître que presque
tous les membres socialistes de la chambre ont
été envoyés par ces mêmes départements où,
du temps des électeurs censitaires, c'est-à-dire
alors que les paysans ne votaient pas, l'opinion
légitimiste exerçait la plus haute influence.

C'est que, dans ces départements, le parti
légitimiste a relevé plus vite, comme cela devait être, sinon son drapeau, au moins ses espérances, et que dès lors les socialistes ont pu s'y
appuyer sur la réaction qui s'est naturellement opérée chez les paysans contre tous les
projets, de moins en moins cachés, des hommes
d'avant 89. Dans ces départements les électeurs de la campagne ont été, bien moins
qu'on ne veut le faire croire, séduits par toutes
les promesses de ces hommes aux doctrines
nouvelles : les nouveautés à la campagne ne
trouvent point si aisément crédit. Mais, avant
tout, l'électeur campagnard ne voulait point

donner sa voix à des noms empruntés à l'ancien régime, dès lors jugés pour lui par la longue expérience des temps féodaux et nobiliaires.

Les listes blanches ont fait passer les listes rouges.

Le parti conservateur, et à son défaut le pouvoir, doit se hâter de faire enfin son profit d'un enseignement qu'il a trop tardé à comprendre. Que désormais il veille attentivement à ce que les campagnes ne soient plus agitées pour des causes étrangères à notre temps : alors il pourra compter sur elles, y compter toujours (1). Et si aucune de nos fautes ne dérange le cours naturel des choses, ce nouvel élément de conservation doit devenir d'autant plus fort, qu'il aura à la fois pour lui, et de plus en plus, la double puissance de l'intelligence et du nombre. Dans toute production, en effet,

(1) C'est ce que le jeune roi de Piémont a si admirablement compris.

Heureux les pays dont les chefs comprennent.

autre que celle de l'agriculture, l'introduction sans cesse croissante des machines tend en même temps à exiger de l'homme moins de bras, moins d'initiative d'esprit. L'agriculture, au contraire, c'est-à-dire l'éducation de tout ce qui vit, soit comme animal, soit comme végétal, lui demandera évidemment d'autant plus de bras, et surtout plus de bras intelligents, qu'elle sera mieux comprise. Par le temps de troubles et d'effroi où nous vivons, il est bon de signaler toute espérance qui se relève.

Le développement de l'éducation, quoi qu'on dise, n'enlèvera point les campagnes au parti de l'ordre. Elles appartiennent à ce parti, non en raison du plus ou moins de lumières répandues parmi elles, mais en raison, nous l'avons fait voir, de la position toute spéciale que le travailleur de l'agriculture occupe dans la grande famille des travailleurs (1).

_____

(1) C'est une grande faute de la part du parti conservateur de s'obstiner à regarder comme un danger pour la société le

3

Dans tout État où l'agriculture emploiera plus d'hommes que l'industrie, le suffrage universel sera conservateur; et il le sera d'autant plus que le nombre des travailleurs de l'agriculture l'emportera davantage sur le

développement de l'instruction primaire dans les campagnes. Si, par instinct comme par intérêt, les campagnes sont conservatrices, ne devrait-on pas comprendre qu'il ne faut pas que les campagnes puissent, à certain jour, devenir révolutionnaires par ignorance ?

Des tendances fâcheuses, il est vrai, se manifestent, aujourd'hui, dans une certaine partie du corps des instituteurs primaires. Mais elles sont fort à tort imputées à la nature même de l'institution ; elles ne sont que le résultat d'une organisation profondément défectueuse, créée par la loi de 1833.

Dans notre système d'instruction secondaire, les professeurs sont réunis, par collége, en groupe de huit ou dix membres, surveillés dans leur conduite, mais aussi appréciés dans leurs services et protégés dans leurs intérêts par un chef, qui se nomme tantôt principal, tantôt proviseur: l'instruction secondaire se trouve ainsi heureusement assise sur la triple base de l'émulation, de la hiérarchie et de l'esprit de corps. Au contraire, chaque instituteur est isolé dans sa commune; il n'a à côté de lui aucun membre du même corps pour l'aider de ses conseils, aucun supérieur pour l'arrêter dans ses écarts, ou pour lui tenir compte de ses services. Car on ne peut prendre au sérieux une ou deux tournées par an d'un inspecteur qui ne connaît ni ne peut connaître rien des nombre des travailleurs de l'industrie. Dans tout État, au contraire, où cette proportion se trouverait renversée, il ne faut pas se le dissimuler, le suffrage universel tendrait à introduire dans la constitution du pouvoir politi-

hommes, des choses de chaque commune. Là est le vice fondamental de l'organisation actuelle de l'instruction primaire. Je m'étonne que, pour y remédier, on ne songe point aux moyens de réunir dans un seul et même corps, et sous l'autorité d'un instituteur cantonnal, tous les instituteurs de chaque canton. N'est-il pas évident, en effet, qu'en se plaçant à ce point de vue, rien ne serait plus facile que de faire jouir l'instruction primaire comme l'instruction secondaire du triple avantage de la hiérarchie, de l'esprit de corps et de l'émulation? L'instituteur primaire deviendra bientôt conservateur, dès qu'il aura à ménager des titres à son avancement hiérarchique, et que, dans le présent, il aura autre chose à conserver que sa misère.

Au reste, on se méprend étrangement aujourd'hui quand on veut remédier à l'organisation actuelle de l'instruction primaire par une surveillance du maire ou du curé. On oublie que toute surveillance qui ne s'appuie pas sur l'esprit de corps tend à être vexatoire, et pousse à l'insubordination. Faites surveiller l'instituteur primaire par le curé, vous ferez tôt ou tard l'instituteur primaire irréligieux; faites-le surveiller par le maire ou par le sous-préfet, vous le mettrez au service de toute opposition, même des plus anarchiques.

que un puissant élément d'instabilité. Autant dans les États agricoles un gouvernement devra commettre de fautes et méconnaître son temps, pour jeter le suffrage universel dans la révolution, autant dans un État industriel le gouvernement le plus habile essayerait vainement de le conduire, à moins qu'il ne puisse s'appuyer sur une puissante organisation aristocratique.

Heureusement pour l'ordre en France, la France est avant tout un pays agricole. Le pouvoir démocratique peut donc y prendre, avec confiance, sa base sur le suffrage universel.

Gouverner les campagnes et contenir les grandes villes, telle doit être chez nous, depuis l'établissement du suffrage universel, la règle de conduite de tout gouvernement sage.

Depuis longtemps déjà, en Europe, les populations ouvrières des villes sont le principal obstacle au développement pacifique de la civilisation moderne.

La révolution de 1848 vient d'appeler les campagnes au secours de cette civilisation. Si ses défenseurs comprennent à temps leurs devoirs et ce qui constitue leur puissance, longtemps encore la civilisation grandira en Europe : assise, comme par le passé, sur la nationalité, la famille et la propriété.

CHAPITRE III.

Une république, au dix-neuvième siècle et en France, peut-elle être conservatrice? — Urgence de poser au plus tôt cette question devant l'opinion publique. — Termes dans lesquels elle doit être posée.

Ce n'est pas tout pour un parti d'être le plus fort, il faut encore qu'il sache employer sa force.

Sous le dernier règne, le parti conservateur était incontestablement le maître de sa destinée, et dès lors le maître des destinées du pays. Il s'est perdu, et en se perdant, il a compromis la société tout entière, parce qu'il n'a pas su approprier nos institutions nouvelles aux exigences de la démocratie moderne, et parce qu'à l'imperfection et à l'insuffisance des institutions il a ajouté la plus profonde inintelligence de la pratique.

Que cette grande chute serve de leçon aux défenseurs de l'ordre ! Une nouvelle chute ne serait plus pour eux un avertissement, mais un arrêt de mort.

Tout le monde reconnaît aujourd'hui que le pouvoir porte à faux sur la société; qu'au lieu de l'affermir sur ses bases, chaque jour il l'ébranle davantage, et que cette société est bien près de s'écrouler.

Heureusement, avant trois ans, le peuple sera appelé à réviser sa constitution. Mais si, à cette époque, le parti conservateur une fois encore était pris au dépourvu; s'il n'a pas alors l'intelligence de sa situation, il est bien à craindre qu'il ne se présente plus pour lui une autre occasion de salut.

Une société menacée dans son existence n'a pas pour se défendre d'arme plus puissante qu'une forme convenable de gouvernement.

Dans les circonstances si graves où se trouve aujourd'hui placé le parti conservateur, c'est donc le premier de ses devoirs d'examiner, dès maintenant, si la forme républicaine convient, ou non, à la défense des grands intérêts confiés à sa garde.

Depuis quelque temps, le parti conservateur paralyse toute sa puissance, parce qu'il n'ose déclarer ouvertement ni le but qu'il se propose, ni par quels moyens il espère y arriver. L'ordre hésite, mais l'anarchie affirme : comment s'étonner dès lors que l'anarchie grossisse chaque jour ses rangs? Les masses sont faites pour croire et pour suivre, en un mot, pour être gouvernées. Elles ne placent jamais leurs espérances et leur foi là où elles ne voient que des indécisions et des doutes !

Si le parti conservateur veut rester à la tête de l'opinion publique, qu'il se hâte de mettre un terme à des hésitations qui le perdent; que, dès aujourd'hui, il formule et formule nettement sa pensée. Il n'a pas d'autre moyen

3.

de la faire triompher au jour de la révision.

Un grand nombre d'hommes influents dans
le parti conservateur prétendent, il est vrai,
qu'avant de se préoccuper du choix à faire entre
telle ou telle forme de gouvernement, il faut
d'abord songer à sauver la société; qu'avant de
chercher à reconstituer l'autorité politique, il
faut travailler à rétablir ce qu'ils appellent
l'ordre, dans ce langage métaphysique qui ne
précise pas plus le but qu'il ne définit les
moyens.

Mais que l'opinion publique ne s'y mé-
prenne pas ; poser ainsi la question, ce n'est
rien moins que rendre impossible de la résoudre. Car c'est méconnaître la principale
cause des malheurs du temps, c'est vouloir
n'appliquer le remède que là où n'existe pas
la véritable origine du mal.

S'il y a aujourd'hui gêne et effroi de qui
possède, s'il y a chômage pour qui vit de son

travail de chaque jour ; s'il y a eu, en un mot, depuis deux ans, perturbation de toutes les existences, ce n'est point que l'organisation actuelle de la société soit subitement devenue, en quelques heures d'une révolution, impuissante à produire.

Ces embarras et cette misère de tous ont une cause moins profonde ; ils sont, avant tout, le résultat de cette absence de toute sécurité politique, qui ne permet aujourd'hui à personne de compter sur l'avenir, soit pour achever ses travaux, soit pour jouir en paix de leur produit. Depuis trente-cinq ans, dans notre pays, tant que des révolutions ou des crises politiques ne sont pas venues suspendre le travail et arrêter la consommation, la prospérité nationale n'a cessé de s'accroître. Elle s'est constamment accrue dans des proportions telles, que notre organisation sociale peut à juste titre s'en montrer fière.

N'est-ce pas dire que dans cette société française, la richesse publique n'a pas besoin de chercher à ajouter aux éléments de puissance qu'elle possède déjà, autre chose que la sta-bilité politique?

Quand on répète tous les jours au pouvoir qu'il n'a pas maintenant d'autre mission que de maintenir l'ordre ; qu'il doit se borner à administrer le présent sans se préoccuper des moyens de gouverner l'avenir, on l'entraîne à la suite de ses propres illusions, à moins qu'on ne veuille l'égarer par des conseils per-fides : en tous cas, on le met en face d'une tâche impossible.

Aujourd'hui, comme en 1815, comme en 1830, la richesse publique et la paix des esprits attendent pour renaître, que toute incertitude ait cessé dans l'opinion du pays, sur la cons-titution définitive de l'autorité politique.

Un conservateur intelligent devrait-il ou-blier la principale condition de l'accroisse-ment des richesses ; devrait-il oublier que l'homme travaille surtout dans le présent, pour consommer dans l'avenir ; que dès lors, sitôt que l'avenir est incertain, le présent, par contre-coup, est frappé de stérilité ? Sachons donc demander à l'examen des causes du mal la nature du remède. Puisque c'est dans l'instabilité de ses institutions politiques, dans l'impuissance de son gouvernement que notre société a souffert jusqu'à ce jour, c'est dans son gouvernement qu'elle doit être guérie.

La France, aujourd'hui, peut-elle placer sa confiance et son avenir dans la forme républicaine ? en d'autres termes, une république, au dix-neuvième siècle et en France, peut-elle être conservatrice ?

Telle est la question fondamentale, celle qui prime toutes les autres, et avant laquelle aucune ne peut être utilement résolue.

Mais avant de l'aborder, précisons dans quels termes elle doit être posée.

Notre administration au dedans, la nature de nos relations internationales au dehors, exigent une république présidentielle.

Par conséquent, l'idée de république entraînera pour nous, dans la discussion, l'idée d'un chef de l'État élu par le peuple.

A un pays grand comme la France, et dès lors entouré de puissances jalouses, nous ne chercherons pas à démontrer qu'il ne peut négocier à la tribune.

Sa politique extérieure ne peut donc être remise toute entière aux mains d'une assemblée.

Une assemblée ne suffirait pas davantage aux innombrables exigences de l'administration, dans un État si puissamment centralisé par la révolution de 89, et que la force des choses, quoi qu'on dise et qu'on fasse, centralisera de plus en plus (1).

(1) Une fraction importante du parti conservateur place son espérance dans la décentralisation, je le vois avec regret.

Toutes les fois qu'une assemblée a voulu administrer par elle-même, pour n'être pas réduite à l'anarchie de l'initiative individuelle, elle a toujours été forcée de se diviser en

La centralisation est une conséquence inévitable du progrès des sciences et du développement de la civilisation actuelle. Par sa nature, l'esprit humain est entraîné à généraliser ; or, en matière de pouvoir, généraliser c'est centraliser. En fait de recherches scientifiques, l'esprit humain s'arrête seulement dans sa tendance à la généralisation, lorsqu'il ne peut assigner leurs places aux différentes parties d'une science, une ou plusieurs d'entre elles n'étant pas encore assez étudiées, suffisamment connues. De même, en matière de gouvernement, l'homme ne s'arrête dans son besoin de centraliser le pouvoir que si ce pouvoir se trouve nécessairement impuissant à atteindre, à tel moment donné, les divers points du territoire, les diverses parties de l'administration. Pour cette seule raison, et non à la suite de calculs politiques, la féodalité s'est substituée à la monarchie centralisatrice de Charlemagne.

Aujourd'hui que les moyens de communication ont été perfectionnés dans des proportions inattendues, dans le siècle des chemins de fer et des télégraphes électriques, le pouvoir est présent partout au même moment. Quoi qu'on fasse, son action deviendra de plus en plus irrésistible, par cela même qu'il ne saurait se manifester un besoin quelconque sur la surface du pays sans que le pouvoir ne puisse y satisfaire à l'instant même. De notre temps, s'attaquer à la centralisation alors qu'elle peut suffire à tout, c'est aussi insensé qu'il a été inu-

sections permanentes. Or, la division d'une
assemblée en sections permanentes, système
qui peut présenter de grands avantages, c'est

tile, au dixième siècle, de s'opposer à l'établissement de la
féodalité.

D'ailleurs, les dangers dont s'effrayent les adversaires de la
centralisation, s'ils ont pu être sérieux dans le passé, tendent
par la force même des choses à diminuer chaque jour. Ces
dangers sont de deux sortes : tyrannie quotidienne des idées
d'une capitale par l'administration, et quelquefois, à un jour
donné, despotisme de cette même capitale par une émeute.
Or, il est évident que ces dangers doivent aller nécessairement en diminuant, en raison même des causes qui ren-
dent de plus en plus inévitable la centralisation du pouvoir.
Le despotisme d'une capitale par une émeute ne sera-t-il pas en
effet devenu impossible lorsque, grâce aux chemins de fer et
aux télégraphes électriques, les diverses parties du plus vaste
Etat pourront, en quelques heures, apprendre que la société
est en péril, et arriver à son secours? Le pays sera également
défendn contre la tyrannie des idées d'une capitale lorsque,
grâce à la facilité des communications, il pourra s'animer à la
fois, et tout entier, d'une même pensée, d'une même volonté : dans de pareilles conditions d'esprit public, le pouvoir
parlementaire d'un grand pays ne saurait rencontrer de volonté qui lui résiste.

Pour nous désormais, la centralisation n'est point un système, c'est une nécessité. Au lieu d'aller nous briser contre la
cause, nous devons nous borner à étudier ses conséquences
afin d'apprendre à gouverner leur développement.

notre opinion, dans une chambre qui ne sort pas de l'élection, est incompatible avec le principe de son éligibilité. Chaque élection, en effet, en portant nécessairement le trouble dans le personnel des sections, le porterait inévitablement aussi dans l'administration publique. L'esprit de suite, cet élément de toute bonne administration, ne saurait résister à une telle mobilité. La mobilité des personnes exclut l'esprit de suite dans la pensée.

Que les républicains ne nous disent pas qu'une pareille administration serait, après tout, l'expression de la volonté du peuple.

Pour qu'il en fût ainsi, il faudrait que le corps électoral nommât isolément chaque section ; c'est alors seulement qu'il pourrait juger l'administration, qu'il pourrait juger tel représentant membre de la section d'agriculture comme agriculteur, tel autre de la section des finances comme financier, tel de la marine comme marin..., etc., etc. : et, comme une

pareille combinaison électorale, admissible,
si l'on veut, dans de petits états, ne peut même
pas être proposée en France, l'administration
ne saurait d'aucune façon sortir de la volonté
du peuple, nommant une assemblée.

Cette double insuffisance d'une assemblée,
au point de vue de l'administration intérieure
du pays, comme au point de vue des relations extérieures, crée, en France, au pouvoir
exécutif des devoirs de la plus haute importance, devoirs qu'il ne peut remplir s'il n'est
indépendant.

En administration comme en diplomatie, le
pouvoir exécutif seul connaît par lui-même.
Dès lors, c'est à lui qu'appartient l'initiative,
ou du moins qu'il appartient de gouverner, en
l'aidant de ses conseils, l'initiative des autres.
Pour délibérer sur ces matières, l'assemblée
lui emprunte toujours ses renseignements. Si
le pouvoir exécutif était dans la dépendance
de l'assemblée, si le pouvoir parlementaire

nommait lui-même les ministres qui doivent exécuter sa pensée, comme tout fonctionnaire obéit à qui le nomme et peut le révoquer, le pays aurait pour gouvernement cet étrange système : quelques hommes obéissant à une assemblée qui ne sait pas.

A la fin du siècle dernier, une assemblée pendant quelques années a résumé en elle seule tous les pouvoirs de l'État. Cette expérience a été de celles, que l'homme sage ne recommence pas !

Donc, pour qui ne voudra pas sortir du possible, la discussion ne saurait porter que sur une république présidentielle.

En conséquence, la république aura été pour nous, pour les défenseurs de l'ordre, jugée dans ses avantages comme dans ses inconvénients, quand nous aurons successivement examiné si l'élection du chef de l'État peut, ou non, s'allier avec les deux principes sur les-

quels repose notre société : la nationalité, et
la propriété par famille, ainsi qu'avec les prin-
cipales conséquences qui découlent de ces deux
grands principes : la liberté, les arts et les
sciences (1).

(1) Ce que nous venons de dire ici, et ce que nous aurons
plus tard occasion de dire de l'élection d'un président, s'ap-
pliquerait évidemment de la même manière, et pour les
mêmes raisons, à tout autre pouvoir exécutif, consulat ou di-
rectoire, pourvu qu'il fût nommé par le peuple.

CHAPITRE IV.

De la république dans ses rapports avec la nationalité.

Nous avons dit que le rôle de la nationalité devait grandir lorsque diminuait le rôle politique des idées religieuses. Depuis près de trois siècles, à partir du protestantisme, le rôle des nationalités a acquis une influence qu'il n'avait point encore eue dans la civilisation moderne. Depuis que les gouvernements ne peuvent plus prendre de point d'appui dans l'unité de foi des gouvernés, il s'est fait dans l'organisation générale du pouvoir en Europe un grand vide, vide qui, de nos jours, est bien loin d'être entièrement rempli.

Pour n'avoir pas compris ce qu'il fallait né-

cessairement demander à l'esprit de nationalité dans cette situation nouvelle, aggravée
encore pour la France par l'invasion de 1815,
la dynastie de Juillet est tombée; elle est
tombée sous le ministère de cet homme qui,
ambassadeur à Londres, écrivait : « Ne me
» parlez point de ce que vous voulez faire à
» l'extérieur, dites-moi seulement quel est
» votre drapeau à l'intérieur. »

Eh bien, ce point d'appui sur la nationalité
dont la dynastie de Juillet n'a point voulu, le
nouveau gouvernement qui s'est élevé en 1848
pourra-t-il le prendre?

Je n'hésite point à déclarer que non.

Si dans les rapports internationaux, chaque
difficulté devait être résolue au moment même
où elle se présente, un chef de gouvernement
sorti de l'élection pourrait aussi bien que tout
autre pouvoir soutenir les intérêts du pays.

Dans ce cas, ce chef n'aurait besoin que d'é-
nergie dans la volonté, que de promptitude
dans l'exécution ; et ce sont, nous le reconnais-
sons, deux qualités naturelles à tout chef élu
par le peuple.

Mais dans les rapports internationaux, on
n'exécute qu'à de longs intervalles, tandis
qu'on a toujours à prévoir, toujours à préparer. Or, on ne peut prévoir ni préparer que
lorsqu'on est maître du temps. On ne peut
prévoir quand on date d'hier, on ne peut préparer quand on doit mourir demain.

D'autre part, il n'est pas un gouvernement
étranger qui accorde sérieusemeut sa confiance
à un pouvoir qui passe de la sorte d'une main
dans une autre, sans que rien rattache le présent au passé ou à l'avenir. Une telle absence
de sûreté dans les relations internationales ne
pourrait se prolonger longtemps sans éloigner
peu à peu les autres États, sans conduire un

pays à l'isolement, en organisant autour de lui une sorte de coalition de la défiance.

Croit-on qu'un président de république, l'année où doit finir son mandat, trouvera un seul Etat en Europe qui négocie sérieusement avec lui ? Et quand cette année d'interruption dans les négociations sérieuses ne se produirait que tous les cinq ans, ou même tous les dix ans, on ne tarderait pas à s'apercevoir que les événements n'attendent pas, et que le pays descend.

Ces inconvénients de la forme républicaine dans ses rapports avec la nationalité seraient moindres dans une société constituée aristocratiquement, dans un pays comme l'Angleterre, par exemple.

Tandis que dans un pays démocratique, comme la France, l'opinion publique se forme au jour le jour, sous la pression des événements, et souvent du hasard ; au contraire, chez un peuple aristocratique, l'opinion a pour base constante la tradition de nombreuses et puissantes familles, et les fortes études des hommes destinés à diriger les affaires publiques. Jusqu'à un certain point, l'aristocratique Angleterre pourrait supporter l'élection périodique du chef de l'Etat. Chez nous, dans notre France de 89, songeons qu'il importe avant tout de constituer en haut, dans les régions du pouvoir, les conditions de l'esprit de suite et de tradition, qui existent si peu en bas dans une société démocratique.

On se plaît à citer l'exemple de la démocratie des États-Unis. Mais un mot suffit pour réfuter cette objection. Il n'y a aucune analogie réelle entre les Etats d'Europe, pressés les uns contre les autres et si jaloux de leurs frontières, et les Etats-Unis, qui n'ont pas de voisins, et dont la nationalité se développe, pour ainsi dire, dans le vide.

Le peuple aura à choisir dans deux ans, il

4

est temps de l'avertir, entre le principe de l'éligibilité du chef de l'Etat, et la grandeur de sa nationalité.

CHAPITRE V.

De la république dans ses rapports avec la famille et la propriété, ou mieux, avec la propriété par famille.

> L'uniformité de consommation rend tout progrès impossible dans la production.

C'est une conséquence de l'état démocratique que le partage égal des héritages défasse rapidement les fortunes.

Si le travail, l'industrie, le commerce ne parvenaient point à reconstruire ces fortunes que détruit la loi désormais irrévocable de nos successions, la propriété ne saurait tarder à échapper à la famille. En effet, l'État, aujourd'hui, n'enrichit plus, comme par le passé, ceux qu'il emploie. Et maintenant il n'y a que l'industrie ou le commerce qui soit la source des fortunes nouvelles.

Eh bien! sous la république, cette source sera bientôt tarie.

Dans notre société économique, quinze ou vingt années de travaux continus sont nécessaires pour bâtir une fortune.

Quels capitaux sérieux s'engageront dans des entreprises d'une durée si longue, si ces entreprises doivent être traversées des agitations politiques inséparables de la forme républicaine? Il n'y a pas de capitaux qui s'engagent l'année qui précédera l'élection présidentielle. L'année qui la suivra, beaucoup de capitaux hésiteront encore. A coup sûr, on n'en trouvera pas qui s'engagent pour un temps plus long que la durée du mandat présidentiel.

Quelle fortune nouvelle pourrait donc sortir de l'industrie ou du commerce, en admettant même une présidence de dix ans?

Mais si les fortunes se défont et ne peuvent plus se refaire, on arrivera infailliblement à un niveau de fortunes, et par conséquent de consommation, qui détruira à la fois tout progrès dans l'industrie, toute activité dans le travail.

L'inégalité dans les diverses positions du consommateur permet seule l'emploi des facultés diverses du travailleur. Là où il n'y a pas de consommateur plus riche qu'un autre, le travailleur plus habile n'a que faire de son habileté. Elle devient pour lui un embarras, quand ce n'est pas un malheur. Or, pour peu qu'on veuille réfléchir qu'il n'y a jamais progrès de tous qu'à la suite de la supériorité de quelques-uns, on est obligé de reconnaître que l'uniformité dans la consommation détruit, par contre-coup, tout progrès dans la production.

L'uniformité dans la consommation détruit également l'activité du travail. Tout produit, en effet, qui atteint à la perfection représente

4.

faut aussi bien la quantité que la qualité du travail. Combien de chefs-d'œuvre n'exigent pas seulement le génie d'un seul, mais tout aussi bien le travail d'un grand nombre !

Diminution du travail pour tous, embarras du talent pour quelques-uns, inutilité du génie, voilà ce que signifie cette uniformité dans la consommation, ce niveau égalitaire dont les sectes socialistes font leur drapeau.

Avant la révolution de Février, le plus grand nombre des établissements de l'industrie ou du commerce passaient aux mains de l'ouvrier ou de l'employé économe. L'ouvrier ou l'employé succédant à son patron obtenait toujours cinq, six, sept, et quelquefois dix années, pour payer l'établissement confié à son . intelligence et à sa moralité. Multipliées par un crédit si grand, des économies assez faibles pour être à la portée de tout travailleur intelligent et sage, devenaient ainsi, tous les jours, l'origine des plus grandes fortunes. Rien n'était au fond plus démocratique qu'une telle organisation de l'industrie et du commerce, dans ses rapports avec le travail.

Maintenant toute maison se vend, et si nos institutions doivent rester ce qu'elles sont, toute maison désormais se vendra au comptant ou à peu près. Lorsque la Constitution nous impose, tous les trois et quatre ans, une crise politique, sans parler de celles qui naissent des accidents, il ne saurait y avoir ni marché, ni transaction, à plus de deux ou trois ans d'échéance. Quel est l'employé du commerce, quel est l'ouvrier de l'industrie, dans cette situation nouvelle, qui pourra acheter la maison de son patron? Les économies d'une vie entière ne sauraient y suffire. Sous ce régime, les classes pauvres sont condamnées à rester pauvres, comme les riches sont condamnés, nous l'avons vu, à s'appauvrir progressivement.

Triste état de choses, qui peut se résumer

en deux mots : D'un côté, éternité de la misère ;
de l'autre, aristocratie de décadence !

———

Devant cette impuissance des capitaux privés à soutenir l'activité du travail et la richesse publique, ils sont plus logiques qu'on
ne le pense, ceux qui, sous des formes diverses, aboutissent, plus ou moins directement,
au crédit par l'Etat. Quand les capitaux privés se retirent, il faut bien que l'Etat inter-
vienne avec les siens. Le crédit par l'Etat est
la conséquence inévitable d'une société pareille.

Mais si le crédit part de l'Etat, on s'abuse-
rait étrangement de croire que la propriété
pourra rester longtemps sans être inquiétée
dans la famille. Le crédit ne peut sortir que
de là où se trouve placé le travail accumulé,
ou, en d'autres termes, la propriété ; donc,
qu'on le veuille ou qu'on ne le veuille pas,

qu'on l'avoue ou qu'on s'efforce de le cacher, conserver l'état actuel de nos institutions politiques, c'est marcher à une transformation plus ou moins lente, plus ou moins déguisée ; mais enfin, c'est marcher à une transformation certaine de la propriété par famille en une sorte de propriété par état : c'est en définitive marcher vers une des formes du communisme.

On perd tôt ou tard son droit à rester possesseur de la richesse acquise dans le passé, quand on devient inhabile à féconder le travail dans l'avenir. Pour toute société, alors, il ne s'agit plus de justice, il faut compter avec la nécessité.

Afin, il est vrai, d'effrayer le moins de gens possible, et pour déblayer ainsi la route à leurs projets, bon nombre de socialistes prétendent conserver à la famille sa place dans nos mœurs, alors même qu'ils lui auront enlevé, par une révolution économique, son

droit à posséder. On ne saurait prémunir trop
vite le pays contre cette promesse illusoire.

Je déclare, sans hésiter, à ceux qui vote-
ront en 1852, que ces gens-là les trompent,
ou qu'ils se trompent.

Il y a bientôt deux ans, M. Louis Blanc, par
un coup d'Etat parti du Luxembourg, voulait,
en un seul jour d'ordonnance, nous jeter dans
une transformation sociale où la propriété allait passer des mains de chaque famille aux
mains de la nation entière. Voilà ce que j'écri-
vais alors, à l'occasion des premières élections
de la république, en m'adressant aux électeurs
qui allaient nommer la Constituante (1) :

   « L'amour de la propriété et l'amour de la
» famille, tels que nous les ressentons aujour-
» d'hui, sont plus que deux sentiments étroi-

_____

(1) *Premières élections de la Rép ≈ blique,* brochure publiée
en avril 1848.

» tement unis ; ce sont deux sentiments qui
» ont fini par se mêler l'un dans l'autre, et
» qui sont désormais tellement identifiés en-
» semble que l'un ne pourrait disparaître sans
» qu'il ne disparût également une partie de
» celui qui resterait.

» A chaque instant de votre vie, électeurs,
» vous retrouvez les jouissances de la propriété
» et les joies de la famille confondues dans
» une même affection. Comment pourriez-vous
» détruire les unes sans détruire en même
» temps une partie de ce qui constitue les au-
» tres ? Même dans votre pensée, vous essayez
» vainement de les tenir séparées ; elles s'y
» réunissent malgré vous. Songeons-nous
» donc à l'épargne que nous amassons, sans
» sentir en même temps que nous l'amassons
» autant pour nos jeunes enfants que pour
» nos vieux jours ? Le champ que nous ache-
» tons, nous le payons le même prix, que
» nous devions en jouir pendant de longues
» années, ou que l'âge nous avertisse que,

» sous peu, ce sera à notre fils de l'ensemen-
» cer à son tour. Quelque jeune que vous
» soyez, offrez l'héritage de votre bien au
» vieillard près de mourir : si ce vieillard a
» un fils, il se sentira votre héritier ; la douce
» joie de sa figure vous aura remercié, non
» moins vive que si ce bien venait de passer
» de vos mains dans les siennes. C'est que, je
» le répète, à chaque instant de notre vie, les
» jouissances de la propriété et les joies de la
» famille se confondent dans une même émo-
» tion. C'est votre principal bonheur de père,
» que le pain dont vous nourrissez votre fils
» soit dû à votre travail de la journée ou à vo-
» tre épargne de la veille ; mais qu'il ne soit dû
» qu'à vous-même, qu'il vous appartienne
» tout entier. Croyez-vous que le jour où ce
» pain aura été distribué par l'intendant d'une
» association où vous serez entré, où vous ne le
» sentirez pas le produit de votre travail plus
» que le produit du travail d'un autre mem-
» bre, croyez-vous que ce jour-là vous vous

» sentirez encore être père de la même ma-
» nière, que vous sentez l'être maintenant? Ce
» pain, sans doute vous pouvez obtenir d'aller
» le porter vous-même; mais, en le portant,
» vous ne faites que ce qu'un autre eût fait à
» votre place, si vous ne l'eussiez pas porté :
» vous n'êtes pas redevenu père, vous êtes
» resté membre de l'association.

» Il ne faut plus songer à la famille du
» moment où, pour prix du sacrifice absolu
» de toute individualité dans nos actes, une
» communauté quelconque, que ce soit l'Etat
» ou toute autre espèce de corporation, se
» sera chargée de pourvoir à tous nos besoins,
» à ceux de la journée comme à ceux du len-
» demain. De quel intérêt commun, de quelle
» espérance commune pourraient désormais
» naître tous ces devoirs réciproques qui nous
» réunissent aujourd'hui, les uns auprès des
» autres, autour du foyer paternel? etc., etc. »

Ai-je besoin d'ajouter que ma pensée de

1848 est la même en 1850 ; qu'aujourd'hui
comme alors, c'est pour moi une conviction
profonde que la famille, telle que nous la com-
prenons dans notre société actuelle, ne pourrait survivre longtemps au droit de posséder,
sur lequel elle s'appuie depuis tant de
siècles en Europe? Le mot de famille pourrait
être conservé ; mais qu'on soit certain que ce
mot ne conserverait pas le sens, qui maintenant s'y attache. Non-seulement ma conviction n'a pas changé, mais elle s'est accrue de
tout ce qui s'est dit, de tout ce qui s'est fait
depuis deux ans.

Ce danger, renfermé dans les institutions
républicaines pour une société démocratique
comme la nôtre, serait beaucoup moins à
craindre dans une société aristocratique. Dans
les pays aristocratiques, les fortunes ne se défont pas ; elles n'ont pas par conséquent à se
refaire. Sans doute il y a toujours une profonde
injustice envers les classes pauvres qui se trou-

vent condamnées à rester pauvres ; mais enfin
il n'y a pas péril de mort pour la société.

On cite encore ici, il est vrai, la société démocratique des États-Unis. Mais ce pays ne
présente aucun des embarras, si graves en Europe, d'une population agglomérée. C'est à
peine si un espace égal à l'Europe plus un
quart, contient vingt millions d'habitants. La
terre est toujours prête à recevoir quiconque
n'a pu vivre dans l'industrie des villes. Là, où
il y a plus de terre que de bras, plus d'occa-
sions de travail que de travailleurs, les difficultés industrielles n'existent pas plus que les
difficultés internationales ne peuvent exister
chez un peuple qui n'a pas de voisins. »
Ajoutons cependant que la forme républicaine se prête si mal au développement du
crédit, quand il tient à rester moral, que la
banqueroute, dans des circonstances pourtant
si favorables, n'est point déshonorante aux
Etats-Unis. Et ce n'est pas sans raison : les

mauvaises affaires n'y sont pas toujours l'effet
d'une gestion inintelligente, ou déloyale. Là
où de brusques revirements de la politique
troublent périodiquement le pays, les mauvaises affaires y sont aussi souvent le contre-
coup de causes plus hautes dont le commer-
çant n'a point à répondre.

On ne saurait nier que si l'honneur com-
mercial ne tient point, dans la société améri-
caine, la même place que dans notre société
d'Europe, c'est en partie à la nature de leurs
institutions politiques que les Etats-Unis doivent demander compte de cette sorte d'infé-
riorité morale.

Que ce rapprochement soit un avertissement pour nous!

CHAPITRE VI.

De la république dans ses rapports avec le principe de l'inamovibilité des hautes fonctions dans la magistrature, l'armée et le clergé.

Les hautes fonctions, dans notre ordre social actuel, ont l'inamovibilité pour base.

Le sacerdoce, la magistrature, l'armée reposent sur ce principe.

Sans l'inamovibilité de chaque position conquise dans l'armée, aucun État n'est certain d'avoir des soldats à opposer à l'étranger sur la frontière, et de n'avoir pas de janissaires à redouter à l'intérieur.

Sans l'inamovibilité de l'évêque et du curé, le prêtre aurait bientôt disparu tout entier pour ne laisser à sa place qu'un agent politique de plus.

Sans l'inamovibilité du juge, il est bien difficile de maintenir son indépendance réellement intacte; en tous cas, il est impossible de la maintenir à l'abri du soupçon. D'un autre côté, dans une civilisation compliquée d'autant d'intérêts que la nôtre, le système des lois ne peut jamais être assez simple pour que la justice, dans l'application de ces lois, n'ait souvent besoin d'appeler la tradition à son aide. Or, sans inamovibilité, point de tradition.

Mais, comment cette triple inamovibilité de fonctions pourrait-elle présenter une base solide à la société, si elle-même ne prend son point d'appui dans une quatrième inamovibilité, celle du pouvoir qui nomme à ces fonctions? Si le chef de l'Etat est électif et temporaire, on peut assurer que, dans tel ensemble de nominations qui auront précédé son avénement, il pourra souvent rencontrer les embarras les plus sérieux, quand ce ne sera point un piége.

Lorsque le Gouvernement provisoire proclama, dans un décret resté fameux, que le principe de l'inamovibilité était incompatible avec le principe républicain, ce n'était point au fond, comme on l'a prétendu depuis, une erreur qu'il émettait : ce n'était qu'une vérité mal posée.

Pour être entièrement dans le vrai, il faudrait dire, au contraire, que c'est le principe républicain qui est incompatible avec l'inamovibilité.

Mais poser ainsi la question, c'est la résoudre contre la république.

Car, lorsque disparaît la triple inamovibilité de l'officier, du prêtre, du juge, quel est l'intérêt politique, moral, économique de ce temps, qui serait certain de rester debout ?

CHAPITRE VII.

De la république dans ses rapports avec la liberté politique, et avec la stabilité du pouvoir.

Les républicains, fort à tort selon nous, se regardent chez eux sur le terrain de la liberté politique. Ils profitent habilement de ce que personne ne les y attaque pour porter la discussion chez leurs adversaires, sur le terrain de la stabilité du pouvoir.

Avant de les suivre sur ce second terrain, examinons quels sont en réalité leurs droits à se déclarer les maîtres du premier.

5.

§ I.

Ce n'est pas évidemment la liberté de tous, mais seulement l'ambition de quelques-uns, que comprime le principe de l'hérédité appliqué à la personne du chef de l'Etat. La liberté de tous, la véritable souveraineté nationale cherche inutilement sa base ailleurs que dans l'organisation du pouvoir parlementaire (1).

La liberté politique n'est pas autre chose que le droit des minorités à la discussion.

(1) Je n'ai point à développer ici dans quelles conditions doit être organisé le pouvoir parlementaire dans notre pays, pour qu'il réponde aux exigences d'une société démocratique. C'est une question que j'ai déja traitée une fois dans un écrit intitulé : *Du système parlementaire en France;* une autre fois dans un second écrit : *Les premières élections de la République.* Quoique nous soyons séparés du premier livre par une révolution, et du second par de grands événements, je regarde comme très-applicables encore aujourd'hui, la plupart des considérations que j'avais développées.

Eh bien, ce droit des minorités, toute élection du chef de l'Etat, loin de l'aider à vivre, ne tend qu'à l'étouffer, par cela même qu'une seule personne ne peut à la fois représenter plusieurs partis.

Au contraire, dans un parlement, même imparfait, pourvu qu'il soit nombreux, tous les grands partis ont naturellement leurs défenseurs. Les nuances même de l'opinion y rencontrent toujours des organes.

Dans l'élection du chef de l'État, il n'y a qu'un seul parti qui puisse trouver son représentant. Les minorités n'ont pas d'autre chance que d'y trouver un ennemi; heureuses encore, si la majorité triomphante ne force pas cet adversaire à devenir un despote.

En quoi donc la République, en faisant remonter l'élection jusqu'au chef de l'État, sert-elle la liberté ?

§ II.

Les républicains, au reste, ne donnent pas à choisir, prévoyant sans doute que la République ne serait pas choisie.

A les en croire, depuis l'établissement du suffrage universel, toute autorité héréditaire est devenue impossible; et le pouvoir pour être stable doit sortir de l'élection.

En parlant ainsi, les républicains affirment; mais, suivant leur habitude, ils oublient de prouver.

Pourquoi donc les nouveaux électeurs que vient d'introduire le suffrage universel repousseraient-ils l'hérédité du pouvoir, qu'acceptaient parfaitement les électeurs censitaires?

Les classes ouvrières ont plus que les autres classes intérêt à ce qu'aucune crise politique ne vienne arrêter ou même diminuer l'activité du travail ; et elles n'ont pas, comme les classes moyennes, des places à demander aux divers compétiteurs du pouvoir. Cependant nous avons vu ces classes moyennes, tout insatiables qu'elles sont, sacrifier au besoin de l'ordre les avantages et les profits qu'elles savaient très-bien devoir trouver chaque fois que la magistrature suprême eût été mise à l'élection, c'est-à-dire pour elles, à l'encan.

L'ordre n'a même pas de sacrifices à demander aux nouveaux électeurs.

Comme les classes moyennes, les seigneurs féodaux en France ont, pendant tout le moyen âge, supporté une royauté héréditaire. Ils avaient, eux, plus que des places à demander ; ils voulaient être maîtres chacun dans leurs domaines, gouverner chacun à leur guise. Plus que les classes moyennes, ils avaient donc intérêt à pouvoir faire marché, à de certains jours, comme la féodalité d'Allemagne, de la Royauté ou de l'Empire.

Ce qui a été accepté chez nous, pour la gloire du pays, par ceux qui voulaient gouverner, ne saurait être refusé par ceux dont le premier intérêt, et ils le savent, est d'être gouvernés.

Pour que les classes qui vivent du travail de chaque jour, consentissent à se voir périodiquement inquiétées dans le cours régulier de leurs travaux, il faudrait au moins qu'elles pussent espérer de retrouver en liberté politique ce qu'elles auraient exposé en bien-être; et nous avons vu ce que la liberté peut attendre de l'éligibilité du chef de l'État.

Mais un pouvoir héréditaire, disent les adversaires de l'hérédité, traîne à sa suite trop d'exigences de famille, trop de ces exigences plus avides encore des personnes dévouées, pour que le sentiment de la justice, inné au cœur du peuple, puisse longtemps permettre au peuple d'en supporter le spectacle.

Tout aussi bien que ceux que je combats, je sais que l'amour du juste et le respect du droit, malgré les jours si mauvais pour l'honneur que nous avons traversés, se sont cependant encore conservés intacts et purs dans les masses populaires : je le reconnais d'autant plus volontiers que c'est à ces sentiments que je veux faire appel.

Les républicains, en effet, oublient qu'avant de condamner un principe pour quelques conséquences fâcheuses qui peuvent en découler si l'on n'y prend garde, il convient d'abord d'examiner si ces mêmes conséquences ne s'attachent pas également au principe qu'on veut lui substituer ; si, même, elles ne s'y attachent pas plus nombreuses, et surtout plus difficiles à écarter.

Sans nier que d'un intérêt dynastique

étroitement compris il ne puisse sortir souvent des abus d'influence contre lesquels on doit se prémunir, il ne me paraît pas difficile d'établir combien peu ces abus peuvent être comparés, soit pour leur nombre, soit dans leur grandeur, aux abus du même genre qui naissent infailliblement de l'élection du chef de l'État.

Pour tout chef de l'État sorti de l'élection, c'est l'inévitable conséquence de son origine, qu'il se trouve, le jour de son avénement, en présence des mille et mille exigences de tous ces engagements personnels qu'il a contractés, ou qu'on a contractés en son nom; de ceux même qu'on a contractés malgré lui. Plus une nation est grande, plus la grandeur de cette nation, jointe au besoin d'unité des services publics, impose à l'administration centrale la nécessité de nommer à la plupart des emplois, plus les liens de la reconnaissance deviennent inextricables et lourds pour l'élu dont le nom est sorti de l'urne électorale. Pendant les longues journées d'agitation et d'attente dont est nécessairement précédée toute élection du chef de l'État, il n'est pas une des places que donne ou que retire l'administration, autour de laquelle ne s'agitent toutes les convoitises de ceux qui la désirent, devant laquelle ne s'aplatisse celui qui la possède et qui craint de la perdre.

C'est qu'en effet, dans un pays centralisé comme la France, quoi qu'on dise, quoi qu'on veuille ou quoi qu'on légifère, soumettre périodiquement à l'élection la magistrature suprême, c'est mettre périodiquement en vente, et ce qui accroît encore le mal, c'est mettre en vente à des époques connues d'avance toutes les places de l'administration civile ou militaire, depuis le poste du garde champêtre jusqu'au bâton du maréchal de France, jusqu'au portefeuille du ministre.

Il est dans la nature, au contraire, d'une

dynastie de ne tendre à sacrifier à l'esprit de
famille que quelques-unes des positions les
plus élevées de l'échelle sociale. Les relations
nécessairement fort restreintes d'une famille
régnante limitent nécessairement aussi le
nombre de ceux qui peuvent avoir occasion
de lui faire payer leurs dévouements personnels ou leurs flatteries. La permanence surtout de cette haute position d'une maison héréditaire limite peut-être plus encore le nombre
bre des sacrifices qu'elle a besoin de faire à
son intérêt. Comme elle est aujourd'hui ce
qu'elle était hier, ce qu'elle sera demain, elle
n'est pas éternellement en face, comme les
pouvoirs électifs, de services innombrables à
récompenser dans le passé, à acheter dans l'a-
venir.

Que de déplorables conséquences aient dé-
coulé de l'influence héréditaire sous le dernier règne, c'est ce qu'on ne peut nier à deux
ans à peine de la révolution du mépris. Mais
sous les premières apparences, il faut cher-

cher la réalité des choses : qui veut juger chaque institution pour ce qu'elle est, doit se
garder, sous ce règne, de confondre avec les
exigences dynastiques, ce qui devint aussi les
exigences du pouvoir parlementaire, alors
qu'on ne comprenait ce pouvoir que dans la
corruption.

Que le pays examine avec calme, qu'il examine sans préjugés lequel, du pouvoir héréditaire ou du pouvoir électif, trouve dans sa nature plus de faiblesses à l'endroit des exigences
personnelles, plus de tendances à céder aux
sollicitations de qui l'entoure pour le soutenir
ou pour le flatter ; que le pays, en un mot, examine lequel de ces deux pouvoirs est plus naturellement enclin à changer l'autorité con-
fiée pour l'intérêt de tous, en une influence
au service de quelques familiers : et bientôt
le pays aura reconnu que, si un certain nombre de hautes positions, sous un chef héréditaire, sont quelquefois sacrifiées à l'esprit

de famille et de favoritisme, sous un chef électif, il n'est pas un seul degré de l'échelle administrative, il n'est pas un seul poste, pas un seul emploi, depuis le plus élevé jusqu'au plus bas, qui n'ait à se défendre contre l'esprit de camaraderie et des petites coteries; qui n'ait à se défendre surtout contre l'esprit de cabales et d'intrigues, lequel à certains jours d'élections, menace de tout envahir à la fois.

J'ai dit précédemment dans quelles circonstances, dans quelles conditions de société le suffrage universel sera conservateur : je puis ajouter maintenant que l'hérédité du pouvoir exécutif, quand elle aura été rétablie, ne sera point au nombre des institutions que le suffrage universel répugnera le plus à conserver.

Quoique la gloire du Consulat soit sans tache et sa grandeur sans pareille dans l'histoire, quoique de cette époque, et non de l'Empire, datent tous les grands services rendus au pays et à la démocratie par Bonaparte ; quoique ce soit, au contraire, de l'Empire que datent les premières fautes qui ont rendu possibles les tristes événements de 1815 ; les portraits de l'Empereur, dans nos chaumières de France, ne sont pas encore près de céder leur place aux portraits du premier Consul !

A défaut de raisons valables dans le présent, les républicains demandent, il est vrai, des preuves au passé.

Ils nous montrent trois gouvernements héréditaires, tombant l'un sur l'autre en moins de quarante ans.

Mais, en fait de preuves historiques, les républicains font leur choix.

Ils ne nous parlent pas des dix dernières années du siècle qui vient de finir, où la république a marché de chute en chute.

Ils oublient également, et pour cause, que,
depuis plusieurs siècles, l'Europe a déjà eu
assez de fois, et assez longtemps, l'occasion
d'expérimenter, de comparer entre eux les
gouvernements héréditaires et les gouvernements électifs. La Pologne n'a-t-elle pas eu sa
royauté élective, l'Italie ses nombreuses républiques? Avant la dernière moitié du dix-huitième siècle, l'Allemagne ne demandait-elle pas
au principe de l'élection l'Empereur qui devait la gouverner, tandis qu'au contraire, la
France, l'Espagne et l'Angleterre, dès le commencement de la civilisation moderne, se sont
placées sous la protection d'une autorité héréditaire? C'est que, pour qui rapproche les
unes des autres les fortunes diverses de chacun de ces états, l'histoire de ces états dans le
passé, la grandeur de deux d'entre eux dans
le présent, ne permettent guère de longtemps hésiter entre ces deux formes opposées
de l'autorité politique. C'est que, surtout, il ne
reste plus nulle place au doute, pour peu

qu'on veuille les comparer au point de vue du plus ou moins de tranquillité intérieure que chacune d'elles a jusqu'ici produite, au point de vue de la stabilité du pouvoir.

Nous devons aussi rappeler aux républicains que, des trois dynasties renversées sous nos yeux, aucune n'a croulé au moment de la succession. Ce n'est donc pas comme pouvoir héréditaire que ces dynasties sont tombées, mais comme gouvernements compromis par leurs fautes, ou mal assis sur l'opinion. Et que les républicains regardent plus loin dans notre passé; qu'ils interrogent l'histoire de notre société actuelle de l'Europe depuis le moyen âge, ils verront que ce n'est point à l'heure où sonne l'héritage que tombent les monarchies; c'est alors, au contraire, le moment de leur plus grande force : à ce moment, elles trouvent un double appui de garantie dans le passé et d'espérance dans l'avenir.

Charles Ier, Jacques II, Louis XVI, ont

perdu, dans la force de l'âge, une couronne que, depuis longtemps, ils possédaient déjà. La révolution de 1848 eût, à coup sûr, été plus difficile à emporter, si Louis-Philippe eût été évidemment à la veille de disparaître, et, surtout, si nous avions eu déjà atteint la première année du règne de son successeur.

Chose digne de remarque! les uns se refusent à reconnaître que l'hérédité est une force; les autres s'obstinent à croire que cette force suffit à tout : double erreur, qui explique les malheurs de nos cinquante dernières années.

Résumons-nous :

Nous avons vu que la république, c'est-à-dire l'élection du chef de l'État, loin de garantir la liberté politique aux minorités qui seules en ont besoin, offre aux majorités victorieuses la tentation du despotisme.

Nous venons de voir également, en étudiant

le présent, comme en interrogeant l'histoire, que la république ne garantit pas davantage la stabilité du pouvoir.

Donc, au double point de vue de la stabilité du pouvoir, comme de la liberté politique, notre pays n'a rien à attendre de la forme républicaine.

Nous n'avons pas parlé de la liberté individuelle sous la république.

Avant que la république eût trouvé chez nous son contre-poids dans la position toute spéciale de l'homme qui la gouverne, trop de faits, pendant quelques mois, avaient parlé à notre place.

CHAPITRE VIII.

De la république dans ses rapports avec les arts.

> On cherche en vain l'originalité de
> l'imagination, là où l'uniformité de vie
> donne, à la longue, l'uniformité de sen-
> sation.

L'homme a une double vie : l'une constamment la même, emprisonnée dans le temps
et dans l'espace, et qui n'a pour but, comme
celle des animaux, que de satisfaire aux besoins périodiques de son existence ; l'autre
plus grande et plus pure, à qui le présent ne
suffit pas, qui commence dès que le besoin
finit, vie du souvenir, de l'espoir et de la fan-
taisie, toute de progrès, presque sans limites,

que l'imagination compose et varie sans cesse, choisissant à son gré parmi les conceptions de l'esprit et dans toutes les émotions du cœur.

C'est que là où, pour l'animal, il n'y a que repos et réparation de ses forces, pour l'homme il y a le loisir.

C'est que l'homme n'est pas seulement fait pour préparer le nécessaire, et jouir de l'utile; il est également fait pour concevoir, et pour sentir le beau.

L'une des formes du beau, celle qui occupe dans l'imagination de l'homme la plus large place, et qui maintient à ses loisirs toute leur noblesse; l'art, continuera-t-il sous le gouvernement républicain à trouver en France, comme par le passé, les heureuses conditions de son développement?

Ce n'est pas seulement par les grands artistes qu'elle produit, c'est surtout par la suprématie incontestée du goût, que la France a pris le premier rang dans l'art moderne. Il n'y a point de grande œuvre d'art en Europe, qui atteigne toute sa grandeur avant d'avoir reçu sa consécration à Paris.

Ce serait une profonde illusion d'espérer que nous conserverions longtemps encore cette monarchie du goût, si nous devions voir le gouvernement de la république s'établir d'une manière définitive.

Le sentiment du beau, dans un État, est intimement lié à l'organisation de ses loisirs ; et l'organisation actuelle de nos loisirs ne saurait résister longtemps aux agitations de la forme républicaine.

L'excellence du goût ne se développe qu'au milieu d'une certaine élégance des mœurs, qui, elle-même, naît difficilement en dehors des loisirs héréditaires. L'homme qui est l'artisan de sa fortune, quand il veut passer des durs travaux aux loisirs élégants, s'aperçoit presque toujours qu'il est trop tard pour modifier sa nature. Il est bien rare même que le fils ne conserve pas quelques restes d'empreinte de la rudesse paternelle.

Et comment cette suite dans l'hérédité du loisir, cette élégance de mœurs où s'épure le goût, où grandit le sentiment du beau, pourrait-elle se maintenir longtemps dans une société où si peu de fortunes s'élèveront assez haut pour ne pas disparaître après un second partage ?

Il y a plus : notre société ne s'arrêtera pas à la décadence de la propriété par famille. Sous l'action du gouvernement républicain, elle doit être entraînée fatalement, nous l'avons vu plus haut, jusqu'à une modification la plus radicale du mode actuel de produire et de posséder : jusqu'à une des espèces du communisme.

Mais lorsqu'à la vie de famille aura succédé

l'une ou l'autre des formes d'association que nous réservent les communistes, ce ne sera plus alors le public d'élite qui manquera à l'art, ce seront les artistes eux-mêmes.

Avec la vie en commun, disparaît nécessairement toute indépendance d'esprit, toute indépendance dans la manière de sentir et de penser. On cherche en vain l'originalité de l'imagination là, où l'égalité absolue des positions, l'uniformité de vie donne, à la longue, l'uniformité de sensation.

Où sont, en effet, les chefs-d'œuvre d'art donnés à la civilisation par les couvents? On n'y trouve ni grands littérateurs, ni poëtes, ni peintres; on y rencontre à peine quelques compositeurs de musique religieuse. Ce que n'a pas donné la vie commune des couvents malgré l'incessante excitation de l'esprit mystique, peut-on l'attendre de ces nouvelles associations qui auront toujours pour premier mobile la satisfaction des appétits matériels?

Qui croirait, après cela, que les doctrines nouvelles comptent tant d'artistes parmi leurs sectateurs les plus ardents? Quelques-uns même sont emportés par delà la théorie, jusqu'à des faits coupables.

Quant à ceux-là, pour leur montrer le vrai plus que pour les punir, je voudrais que la société les forçât à vivre aux États-Unis, non dans une prison et séparés des autres hommes, mais mêlés à ce peuple au milieu duquel ils ne rencontreraient pas un seul peintre, pas un seul musicien, pas un poëte, pas un artiste; pas un homme pour les comprendre, pas un homme qui s'élève, quelques heures par jour, au-dessus de l'utile jusqu'au beau. Je voudrais qu'ils fussent condamnés à visiter successivement toutes ces villes, qui, grandes ou petites, riches ou pauvres, sont, les unes comme les autres, déshéritées de tous monuments d'arts.

CHAPITRE IX.

De la république dans ses rapports avec les sciences.

Le savant n'a pas besoin, comme l'artiste, d'un public qui le juge et l'encourage. Le savant à sa table de travail, a toujours là, pour prononcer sur son œuvre, l'évidence assise à ses côtés.

Tout le monde est contre Galilée, Galilée n'en est pas moins certain que la terre tourne.

Mais le savant, comme l'artiste, a besoin, pour produire, de toute l'indépendance de son esprit, de toute l'originalité de sa pensée. Donc toute vie d'association est contraire au développement des sciences. Car dans toute

vie d'association, il n'y a place ni pour l'indépendance d'esprit, ni pour l'originalité des
vues.

Ce n'est pas sans raison que les couvents
n'ont pas plus fourni de savants qu'ils n'ont
fourni d'artistes. Si les couvents comptent en
grand nombre des érudits remarquables, ils
n'ont jamais donné à la science d'hommes qui
lui aient fait faire des progrès nouveaux.

Pour citer un exemple, la compagnie de Jé-
sus, malgré toutes ses ressources et la persis-
tance de sa volonté, malgré des efforts surhu-
mains, n'a pas été plus heureuse que les autres
associations. Elle n'a pu parvenir à placer aucun de ses membres à la tête du mouvement
scientifique, dans l'une ou l'autre des branches
des connaissances humaines.

L'espèce de société où nous conduirait tôt
ou tard la forme républicaine, moins défavo-

rable, il est vrai, à la science qu'aux arts, n'en serait donc pas moins un obstacle au développement futur des progrès scientifiques.

CHAPITRE X.

Que la forme républicaine s'adapte mieux aux sociétés aristocratiques qu'à une société démocratique.

En traitant de la république dans ses rapports avec la nationalité, nous avons fait observer que c'est surtout dans une société démocratique que les relations internationales ont à souffrir de la forme républicaine.

En effet, dans les sociétés aristocratiques, la tradition vivant dans les familles appelées à gouverner, tend à maintenir d'elle-même l'esprit de suite dans le gouvernement.

Il est également incontestable que, dans

7

une société aristocratique, ce n'est point, comme dans une démocratie, le premier devoir de toute constitution politique, si l'on ne veut point que la propriété échappe à la famille, de favoriser l'établissement des fortunes nouvelles.

Le principal caractère de toute aristocratie est l'immobilité des fortunes faites.

Dans un État aristocratique, on n'a pas d'avantage à se préoccuper, dans l'intérêt de l'art, de la désorganisation des loisirs.

Dans ces sortes d'Etats, les loisirs, défendus par la stabilité des fortunes, se perfectionnent et s'élèvent à l'abri des agitations politiques.

A ces divers points de vue, une société aristocratique a donc peu à redouter des perturbations inséparables de la forme républicaine. Nous avons vu au contraire qu'une démocratie n'a rien pour se défendre contre ces perturbations.

C'est dire qu'il est moins difficile d'adapter un gouvernement républicain à une aristocratie qu'à une démocratie.

En montrant ici qu'une aristocratie se suffit souvent à elle-même, là où une société démocratique est toujours obligée d'appeler le pouvoir à son aide, je n'entends point faire l'éloge des aristocraties. L'ordre ne s'y établit aussi facilement, que parce qu'il accepte l'injustice pour base.

Mais je veux amener le peuple à remarquer combien la forme républicaine satisfait peu à ce besoin de gouvernement, inhérent à la nature de toute démocratie.

Il ne faut pas que le peuple, qui n'est point aristocrate, se laisse égarer, dans deux ans, à la suite d'exemples empruntés à des républiques aristocratiques.

Plusieurs républiques de l'antiquité ont jeté un grand éclat, les unes par les arts et les lettres, les autres par la sagesse de leur politique et la valeur de leurs armes. Mais ces républiques de l'antiquité, Athènes aussi bien que Sparte et Rome, avaient à gouverner, les unes comme les autres, des sociétés basées sur l'esclavage, c'est-à-dire aristocratiques par excellence.

Le moyen âge nous montre également plusieurs républiques italiennes qui tiennent une place honorable dans l'histoire de l'Europe. Mais là, encore, la forme républicaine a eu pour contre-poids l'organisation nobiliaire de la société.

Coligny, voulant organiser l'appui que les restes de la noblesse féodale prêtaient aux localités protestantes contre l'action centrale du pouvoir qui se trouvait être catholique, avait conçu le projet de faire de l'aristocratie française une république fédérative.

Cet homme d'Etat avait parfaitement compris les rapports, plus intimes qu'on ne pense, qui existent entre la forme républicaine et la constitution aristocratique d'une société.

CHAPITRE XI.

Ce que les partis espèrent ; ce que le pays doit attendre d'une extension dans la durée du mandat présidentiel, et du principe de la rééligibilité. — Un mot sur une présidence viagère.

Personne ne songe à conserver nos institutions telles qu'elles sont, pas même les républicains de la veille, qui maintenant ne veulent plus de présidence. Quant à ceux qui acceptent un président, aucun ne pense qu'il doive continuer à être élu pour quatre ans, et non rééligible.

Un pareil état de choses effraie tous les intérêts, décourage toutes les espérances.

A ce mal que tout le monde reconnaît, est-ce apporter un remède ou seulement un impuissant palliatif, que d'augmenter la durée du mandat présidentiel et d'admettre le principe de la rééligibilité?

Le vice fondamental des institutions républicaines consiste avant tout, nous l'avons constaté à chaque page de cet écrit, dans ces crises inséparables de toute élection du chef de l'Etat.

Eh bien! prolonger la durée du mandat présidentiel, c'est rendre moins fréquentes, il est vrai, les crises électorales. Mais n'est-ce pas aussi les rendre plus graves? En effet, la gravité d'une crise électorale dépend de l'importance de l'élection; et cette importance, de la durée du mandat à conférer.

Or, comment accepter pour un remède ce qui n'ajourne le danger qu'à la condition de le rendre plus grand ?

Sans doute, avec le principe de la rééligibilité, le pays n'est pas condamné à renvoyer
l'homme qui a bien mérité de la patrie, ce qui
n'est ni rassurant pour les intérêts, ni satis-
faisant pour la conscience. Il n'est pas condamné non plus à faire, à chaque élection,
l'expérience d'un homme nouveau, dont l'ap-
prentissage quelquefois peut coûter cher.

Mais que peut le principe de la rééligibilité
contre le principal inconvénient de la forme
républicaine, les crises présidentielles? Ces
crises naissent de l'incertitude où le pays est
jeté à chaque élection. Et cette incertitude
ne reste-t-elle pas la même, que le président soit rééligible ou non?

Lorsque nous avions signalé précédemment
ce qu'une élection du chef de l'Etat entraînait
à sa suite de troubles et d'embarras, nous n'a-
vions pas plus tenu compte de la durée du
mandat présidentiel, que nous n'avions dé-

cidé si le président serait ou non rééligible,

Ces troubles et ces embarras ne pouvaient donc entièrement dépendre de ces deux ordres de considération.

Au reste, ce n'est point pour mettre définitivement fin à la situation faite au pays depuis deux ans, qu'on imagine certaines combinaisons du principe de la rééligibilité avec une extension de la durée du mandat présidentiel. Si ces divers systèmes comptent aujourd'hui, ce qui ne peut être nié, des partisans nombreux et influents, c'est bien plus pour des motifs empruntés à des calculs de parti ou à des considérations de personnes, que pour des raisons politiques, impartialement tirées de l'intérêt général du pays.

Parmi ceux qui rêvent et veulent préparer la restauration de l'une ou l'autre des deux branches de Bourbon ; parmi les orléanistes

comme parmi les légitimistes, la plupart, pour
ne pas dire presque tous, sont déjà décidés,
ils n'en font pas mystère, à faire admettre, au
jour de la révision, la rééligibilité du président
actuel, en portant à dix années le nouveau
mandat qui lui serait conféré.

C'est que bon nombre des prévisions d'avant
le dix décembre sont aujourd'hui fort décon-
certées. On n'en est plus à croire que trois
ans et quelques mois devaient suffire pour
mettre hors de cause, et du même coup, Bonaparte et la république. Maintenant on
s'aperçoit que, malgré les difficultés sans nombre d'un temps plein de dangers, difficultés
qu'on n'a point osé affronter pour son compte,
en 1852, cependant, Bonaparte sera bien loin
encore d'avoir usé contre elles, ou sa popularité dans le présent, ou sa puissance à faire le
bien dans l'avenir. Et comment espérer alors
que si la république, à cette époque, doit
céder sa place, devant la volonté du peuple, à
une autre forme de gouvernement, la transfor-

mation se ferait au profit des Bourbons aînés,
ou des Bourbons cadets?

De nécessité bourboniste faisant vertu républicaine, il faut donc bien se résoudre,
qu'on soit pour M. de Chambord, ou pour les
d'Orléans, à prolonger encore le *statu quo* (1)!

Avant de songer chacun à leur parti, les
bourbonistes de l'une ou l'autre branche,
les uns comme les autres, devraient songer
d'abord à la France. Avant tout, préalable-
ment à toutes intrigues, ils devraient com-

---

(1) Les légitimistes, il est vrai, ne se résignent que bien à
contre-cœur à cette nécessité de subir encore une nouvelle
présidence de Louis Bonaparte.

Ils ne sont point à s'apercevoir que les orléanistes nourris-
sent deux espérances à la fois ; qu'à l'espoir d'en finir avec
les Bonaparte, ils en ajoutent un autre : celui de gagner en
même temps l'époque où, le comte de Paris étant devenu ma-
jeur, ils pourront, eux aussi, présenter leur prétendant déli-
vré des embarras d'une régence.

Les légitimistes jouissent aujourd'hui seuls de cet avantage
et en jouissent depuis longtemps ; ils redoutent, non sans
raison, d'avoir plus tard à le partager avec leurs anciens adversaires de 1830.

mencer par se demander s'il n'est pas autre
chose que Bonaparte et la république qu'ils
usent ainsi, en travaillant à prolonger les in-
certitudes de l'avenir; s'ils n'usent pas également, et plus vite encore, la prospérité même
du pays, les conditions de sa richesse; s'ils
n'usent pas le pays lui-même, ce pays qu'ils
prétendent gouverner plus tard, probablement
quand il sera mort. Loin d'être frappée d'impuissance, comme le prétendent les novateurs;
loin d'être condamnée à la misère, si elle ne
se transforme, notre société française est encore toute pleine de vie et de fécondité. C'est
toujours la même société, à qui il a suffi de
quelques années pour se relever de tous les
désastres de l'invasion, et, plus tard, de la
crise de 1830 ajoutée au milliard de l'indem-
nité. Mais il ne faut pas qu'on l'oublie, je l'ai
déjà dit plus haut : l'homme est ainsi fait,
qu'il travaille surtout dans le présent, pour
consommer dans l'avenir; car alors c'est la
conséquence de sa nature que, dès que l'a-

venir est frappé d'incertitude, le présent, par contre-coup, est à l'instant même frappé de stérilité.

Si les orléanistes et les légitimistes, quand viendra la révision de la Constitution, devaient faire prévaloir sur le bon sens et sur l'instinct des masses leur tactique et leurs petites habiletés, les légitimistes et les orléanistes auraient à répondre au trop juste reproche d'avoir encore fourni non pas des raisons, mais enfin des prétextes à qui veut accuser la civilisation actuelle de vieillesse et de stérilité : en effet, ils auraient encore fait reculer devant elle le jour où la sécurité et la confiance allaient la rendre à sa fécondité. Ils auraient à répondre devant l'histoire, nous les en avertissons, d'avoir étouffé la vie du pays sous leurs combinaisons dynastiques, sous le poids de leurs ajournements.

Ces calculs dynastiques, malheureusement, ne sont point, comme ils devraient l'être, isolés dans notre société. Ils y trouvent à grouper autour d'eux un trop grand nombre d'intérêts privés, dont ils se font suivre sous prétexte de les conduire.

Pour beaucoup de gens engagés dans l'industrie, pour beaucoup de commerçants, c'est aller jusqu'à la limite de leurs vœux que de leur offrir la perspective de douze ou quinze ans encore d'une république napoléonienne, c'est-à-dire du calme dont nous jouissons depuis un an. Pour arriver à se retirer des affaires à leur contentement, il ne leur en faut pas davantage ; c'est au moins ce qu'ils espèrent. Pourvu qu'ils se tirent d'une position fâcheuse dont ils saisissent de moins en moins l'origine, dont ils apprécient de plus en plus mal les véritables conditions de durée, que leur importe ce qu'il adviendra plus tard de ceux qui doivent les remplacer dans leurs travaux, ou dans leurs entreprises !

Industriels et commerçants oublient, il est vrai, qu'à l'approche du terme fatal où tout serait de nouveau remis en question, chaque existence ne serait pas moins inquiétée qu'aujourd'hui, moins profondément troublée; ils oublient qu'alors ne rentrerait peut-être pas dans sa maison, qui se serait proposé d'y vivre tranquille et de n'en plus sortir. Mais enfin, tant que durera pour eux cette illusion, tant qu'elle n'aura pas été chassée de leurs esprits par la réalité de nouveaux désastres, leur demander de se préoccuper de ce que feront plus tard les autres, c'est leur demander un effort de conscience politique dont nous devenons de jour en jour, il est triste de le dire, de moins en moins capable. Au milieu de cet affaissement de toutes les croyances publiques, chacun se console, se trouve presque heureux de ne plus rien comprendre aux événements ni dans le présent, ni dans le passé, pour s'épargner le devoir de quelques sacrifices à l'avenir; pour se faire une sorte de titre à ne vivre qu'au jour le jour, et surtout pour soi.

Si les légitimistes et les orléanistes parviennent, sous prétexte de les servir, à exploiter, au profit de leur égoïsme dynastique, cet autre égoïsme de plus en plus général de chacun des intérêts privés de notre société ; s'ils parviennent à enrôler et à maintenir sous leurs bannières toutes ces mesquines considérations de personne, nous l'avons déjà dit, et nous ne saurions trop le répéter, en 1852 la nationalité française courra les plus grands dangers.

La France alors pourra périr de l'union de ces deux égoïsmes.

Mais que le peuple qu'on essaye déjà de tromper et de séduire, et qu'on s'efforcera d'entraîner plus tard, se tienne pour prévenu dès aujourd'hui ; qu'en 1852, il se tienne sur ses gardes !

———

Si déjà l'opinion publique s'est beaucoup préoccupée de la rééligibilité du président et d'une extension dans la durée de son mandat, on n'a encore que bien peu parlé d'une présidence viagère.

Mais on ne saurait manquer de s'en occuper plus tard.

Quand l'esprit de l'homme a été, une fois, jeté en dehors de la route du vrai, il faut qu'avant d'y rentrer, il essaye tous les chemins de l'erreur, jusqu'aux plus petits sentiers.

Pour juger le système d'une présidence à vie, quelques mots nous suffiront.

D'abord, une présidence viagère a, comme les monarchies, les inconvénients de la vieillesse du gouvernant; mais, comme les monarchies, une présidence viagère n'a point ce précieux avantage que le successeur grandit et s'éduque aux côtés de celui qu'il doit remplacer; que son influence, à mesure que s'affaiblit avec l'âge l'autorité régnante, s'élève insensiblement, pour mieux éviter toute secousse au pays, jusqu'au jour où elle devient le pouvoir.

D'un autre côté, ce système d'une présidence à vie est une prime à l'assassinat. Sous ce système, la société y est incessamment à la merci d'un accident, d'une maladie, d'un maniaque ou d'un sectaire.

Quiconque veut demander à la permanence d'action du pouvoir exécutif la permanence de la sécurité sociale, ne peut donc pas plus songer à une présidence à vie qu'à la rééligibilité combinée, n'importe comment, avec une durée quelconque du mandat présidentiel.

Nous l'avions déjà dit, avant d'avoir parlé d'une présidence viagère; nous le répétons, après avoir jugé ce système :

Chercher à mettre fin au malaise dont la société souffre si profondément, à l'aide d'une modification quelconque, soit de la durée du mandat présidentiel, soit des conditions de l'éligibilité, ce n'est point résoudre la question. Ce n'est même pas la poser avec franchise, tout le monde le sait. Mais cette question, personne n'ose l'aborder telle qu'elle est. On semble craindre, je ne sais pourquoi, d'aller jusqu'à la résoudre; et chacun se réfugie dans son incertitude, comme si c'était un abri.

Jusqu'à ce jour, la France a été le pays de la netteté des vues et de la décision dans les actes.

Serions-nous donc dégénérés à ce point de ne plus attendre le salut de la patrie que de gens qui n'osent ni préciser ce qu'ils doivent croire, ni vouloir ce qu'ils croient; d'esprits indécis, de cœurs sans courage?

CHAPITRE XII.

Ce qu'il faut conclure des considérations qui précèdent.

Pour déterminer ce que la civilisation moderne peut attendre de la république, je me suis successivement placé aux principaux points de vue.

J'ai examiné la république dans ses rapports avec la nationalité, avec la propriété et la famille, ainsi qu'avec les conséquences de ces grands principes : la liberté, les sciences et les arts.

J'ai démontré que, sous l'action du Gouvernement républicain, il n'est aucun de ces éléments de la civilisation actuelle, je ne dis pas qui prospère et grandisse, mais qui seulement parvienne à se maintenir.

Sous le gouvernement républicain, la nationalité se trouve continuellement sans défense, au milieu de toutes les complications internationales de l'Europe.

Sous le gouvernement républicain, la propriété échappe à la famille; la liberté, impuissante à faire l'ordre, cède la place au despotisme; les arts s'abaissent, et la science tend à devenir stérile.

Je n'ai point à rechercher ici ce que réserverait à l'Europe l'union définitive d'un gouvernement républicain à une société démocratique.

Mais ce que je puis affirmer, c'est que, sous cette union, rien ne serait conservé de ce qui jusqu'à ce jour, et depuis plus de vingt siècles, a fait l'Européen si grand parmi les hommes.

Donc, pour tout conservateur, pour quiconque veut maintenir notre société sur ses bases fondamentales, la nationalité, la propriété et la famille, il est évident que le pouvoir ne peut, dans une démocratie, par conséquent en France, reposer tout entier sur la base trop incertaine de l'élection.

Depuis le 10 décembre, le pays, je le sais, se regarde, et non sans raison, comme gouverné.

Mais ici, prémunissons-nous contre une illusion sous laquelle, si elle se prolongeait, grandiraient bien des dangers.

Gardons-nous de l'illusion de croire que, depuis le 10 décembre, la France est véritablement en république. Gardons-nous de croire qu'elle a une présidence à la tête de son gouvernement : la France, à la tête de son gouvernement, a un chef qu'on nomme président, mais qui est chef parce qu'il s'appelle Napoléon.

Il y a un an, Louis Bonaparte n'a point été élu, dans le sens républicain du mot. Car il n'a point été, et il ne pouvait pas être choisi pour lui-même, puisque personne ne connaissait, alors, les éminentes qualités de son esprit. Si le duc de Reichstadt eût vécu, personne n'eût songé à Louis Bonaparte.

Il faut voir les choses telles qu'elles sont; on ne les change pas, parce qu'on ferme les yeux. Le jour du 10 décembre, le peuple égaré depuis plus de trente ans de déceptions en déceptions, frappé enfin de l'instabilité du pouvoir depuis 1815, s'est instinctivement replacé sous le gouvernement de l'héritier de l'Empereur. Tant que cet héritier sera là où il est, il n'est donné à personne, pas même à lui, de faire que nous soyons en république. Malgré lui, malgré ce qu'il pourrait mettre de volonté au service de la république, nous sommes en réalité sous le règne, temporaire si l'on veut, mais enfin sous le règne de Napoléon II.

Concluons donc que pour les défenseurs de l'ordre, puisque l'ordre n'a rien à attendre aujourd'hui de la république, toute la question est de savoir dans quelles conditions, c'est-à-dire sous quel principe, en 1852, l'hérédité du pouvoir devra être rétablie.

SECONDE PARTIE.

Les annales de l'Europe n'ont point en
core présenté l'exemple d'une restauration
qui ait réussi.

Les Carlovingiens, dans la personne de
Louis d'Outre-Mer; plus tard les Stuarts,
après Cromwell; et de nos jours les Bourbons de 1815, n'ont repris le sceptre de
leurs pères, que pour montrer qu'ils ne
pouvaient plus le porter (page 185).

SECONDE PARTIE.

CHAPITRE PREMIER.

Du rétablissement du pouvoir héréditaire en 1852. — En quels termes la question doit être posée.

> Les gouvernements ne sont jamais que des moyens; un gouvernement ne saurait donc être légitime : il ne peut être que convenable.

La première partie de cet écrit a été consacrée à prouver que de l'élection du chef de l'État, dans un pays comme la France, il ne pouvait sortir que ruine et perturbation de tous les intérêts, qu'impuissance du gouvernement.

Mais reconnaître qu'en France le pouvoir

ne peut sortir tout entier de l'élection, qu'il doit s'appuyer aussi sur l'hérédité, ce n'est point faire assez pour reconstituer l'autorité politique.

L'hérédité, en effet, n'est point un principe absolu, se suffisant à lui-même, comme certain parti est enclin à le penser. Ce n'est qu'une des formes du pouvoir, indispensable, il est vrai, chez nous, mais seulement possible ailleurs, impossible même dans d'autres pays, aux Etats-Unis par exemple (1).

Dans la politique réelle, il ne saurait exister de principes absolus ; les principes absolus

(1) La monarchie est ici la garantie indispensable de la liberté ; aux Etats-Unis elle ne pourrait être que despotique.

Dans ce pays, où il n'existe aucune des difficultés politiques ou industrielles de l'Europe, chaque intérêt se gouverne lui-même sans avoir besoin de protection. Une monarchie aurait trop peu de choses à y faire, pour s'y légitimer par ses services.

Or, tout gouvernement qui ne se maintient pas par son utilité, ne peut se maintenir que par le despotisme.

n'existent que dans l'imagination des faiseurs
de métaphysique gouvernementale.

Quand M. de Maistre écrivait, dans ses *Considérations sur la France*, qu'il avait connu des
Espagnols, des Italiens, des Américains, etc.,
mais qu'il n'avait jamais vu l'homme, et que
s'il existait, c'était à son insu, M. de Maistre,
dont l'autorité, que nous sachions, n'est pas
suspecte aux légitimistes, ne faisait pas autre
chose que de se prononcer, avec autant de profondeur dans la pensée que d'ironie dans la
forme, contre ces prétentions à l'absolu des
hommes d'État idéologues.

Si l'homme n'existe pas en politique, il ne
saurait exister davantage d'institutions qui
conviennent à tous les temps, à tous les lieux.
Il ne peut y avoir que des institutions qui conviennent, ici aux Espagnols, là aux Italiens,
ailleurs aux Américains, etc., etc.

Les gouvernements ne sont jamais que des

moyens; pour un homme d'Etat sérieux, un gouvernement ne saurait donc être légitime, il ne peut être que convenable.

Sous peine de s'égarer et de porter à faux, l'idée de légitimité ne peut s'appliquer qu'à la société elle-même, et aux grandes transformations que la civilisation subit à certains jours, marqués pour le progrès.

Eh bien, depuis qu'au commencement de ce siècle, l'auteur immortel du Code civil, le créateur puissant de l'administration nouvelle a prouvé, en la gouvernant, que la démocratie sortie de 89 pouvait être gouvernée, cette démocratie a pris place parmi les sociétés qui ont le droit de vivre, parmi les sociétés légitimes.

A partir du Consulat et de l'Empire, la seule légitimité moderne, c'est la Révolution de 89.

Dans la seconde partie de cet écrit, il nous reste donc à établir à quelles conditions l'hé-

rédité du pouvoir doit être relevée, pour que
cette hérédité prenne son point d'appui sur
le seul principe inébranlable de ce temps, la
révolution de 89.

Afin de mieux étudier le présent, jetons un
coup d'œil sur le passé.

Les événements de 1815 avec toutes leurs
conséquences, les fautes qui ont fait tomber le
gouvernement de 1830, jettent de grandes lumières, pour qui veut voir, sur la situation
nouvelle qui nous a été faite par la révolution
de 1848.

CHAPITRE II.

De la révolution de 1815, ou de la Restauration dans ses
rapports avec l'ordre, en France et en Europe.

En renversant le trône des Bonaparte et en
relevant celui des Bourbons, les souverains
coalisés ont commis, en 1815, la faute politique la plus grave que présentent les annales
de l'Europe moderne.

On ne sait jusqu'où il faut remonter dans le
passé, pour trouver une autre faute politique
aussi inexcusable dans ses motifs et aussi terrible dans ses conséquences.

La révolution de 89, une des plus radicales
révolutions de l'histoire, n'avait cependant pas

mis quinze années, grâce au génie d'un homme, à devenir la société la plus gouvernementale d'Europe, tandis que la révolution d'Angleterre, bien moins profonde que la nôtre,
avait mis plus d'un demi-siècle à se constituer
définitivement. Un tel rapprochement eût dû
suffire, et l'on se rend difficilement compte
aujourd'hui comment l'Europe ne comprit
point en 1814, et surtout après le retour de
l'île d'Elbe, que, si on séparait la révolution
de l'homme qui l'avait rendue gouvernable,
ou de sa famille, le pouvoir perdait en France
son assiette naturelle et n'allait plus trouver
où s'asseoir avec sécurité.

La révolution et l'ordre s'étaient mariés
ensemble dans la personne de Bonaparte. Renverser la maison de Bonaparte, c'était nier à
la révolution qu'elle se fût faite ordre. La révolution, relevant le défi, accepta le divorce
qu'on lui imposait ; et, séparée violemment de
l'ordre, doit-on s'étonner qu'elle se soit pré-

parée à redevenir purement et simplement ce qu'elle était avant le Consulat, c'est-à-dire la révolution !

Et dans quelles conditions plaçait-on ce pouvoir, qui allait de nouveau avoir à recommencer la lutte terrible?

Les Bourbons, rentrés une première fois avec les étrangers, une seconde fois par les étrangers, au lieu de trouver un appui dans l'esprit de nationalité, indispensable à tout gouvernement, trouvaient en lui un ennemi irréconciliable.

Les Bourbons pouvaient encore moins s'appuyer sur les nouveaux besoins de la société. Ces besoins étaient nés malgré eux; ils avaient surtout grandi pendant leur absence. Les Bourbons n'avaient pu apprendre à connaître le siècle nouveau; ils n'avaient pu parvenir à oublier la fin du siècle dernier. De son côté, la société nouvelle sentait qu'elle ne pouvait être, par les Bourbons, ni comprise, ni aimée.

A quelque point de vue qu'on se plaçât, on découvrait une incompatibilité entre le pays, et le gouvernement de 1815.

Il est vrai que la haute habileté de Louis XVIII parvint à consolider, pendant quelques années, une situation que tout rendait de jour en jour plus impossible.

Mais qu'on ne perde pas de vue que, s'il y parvint, ce ne fut qu'à la condition de réagir à chaque instant contre toutes les causes, contre toutes les tendances, contre toutes les illusions de 1815. Ce ne fut qu'à la condition de pactiser, à tout moment difficile, sinon dans son cœur, au moins dans son esprit, avec la révolution.

Louis XVIII est constamment seul, et suspect à son parti : son règne tout entier ressemble à une protestation contre le rétablissement des Bourbons.

Aussi, quand cette intelligence supérieure

ne fut plus à la tête des affaires, quand Louis XVIII fut mort, l'énorme faute de 1815 apparut alors dans toute sa nudité.

Avec Charles X, les Bourbons se montrèrent tels qu'ils étaient véritablement, sans intelligence du présent, ne plaçant leur confiance que dans le passé. Et la politique de 1815, qui avait voulu nier le présent et ressusciter le passé, ne tarda point à recevoir son châtiment.

Aux journées de juillet 1830, la révolution ébranla une seconde fois l'Europe de la chute du trône, si imprudemment relevé.

L'Italie, l'Espagne, la Hollande, reçurent immédiatement le contre-coup de la révolution nouvelle. L'Europe entière fut ébranlée jusque dans ses fondements; et aujourd'hui même, le dernier contre-coup de cet ébranlement est loin d'être connu.

Si, maintenant, passant des considérations générales aux faits particuliers, des causes aux conséquences, nous examinons comment s'est

développée et a grandi dans le pays, durant
toute la restauration, cette opposition qui devait un jour la renverser, nous voyons plus
clairement encore l'énormité de la faute de
1815.

Les anciens militaires forment toujours la
portion la plus gouvernable d'une nation, parce
qu'ils savent à la fois obéir et commander : et
sous la restauration, les anciens militaires
étaient devenus ingouvernables. Il n'y avait
pas un acte d'opposition au gouvernement,
si peu fondé, si injuste qu'il fût, qui ne trouvât
dans chaque commune de France un vieux militaire, officier ou soldat, pour l'accepter, le
propager et le soutenir. Isolé des regrets de
l'Empire, ou de la honte de l'invasion, le li-
béralisme d'avant 1830 eût été également
isolé du pays. Il fût resté emprisonné, réduit
à se cacher dans les ventes du Carbonarisme.

Le règne de Napoléon eut aussi ses opposants, ses opposants systématiques, mais qui,
luttant contre les sympathies ardentes du

peuple, ne purent parvenir à former un parti.
Qui écoutait alors les opposants? Sous les
Bourbons de 1815, au contraire, le pouvoir
était tellement mal assis sur l'opinion publique, que tout le monde conspirait en bas, par
cela même que tout le monde croyait qu'on
conspirait en haut.

Lorsqu'en juillet 1830, la lutte, de la discussion politique passa dans le combat des rues,
qui pourrait ne pas reconnaître également tout
ce que les souvenirs de 1815 exercèrent d'influence sur la conduite de l'armée?

L'armée était encore pleine des souvenirs
d'un autre temps. Elle comptait dans ses rangs
de vieux soldats, qui, pour se venger de Wa-
terloo, mettaient incessamment sous les yeux
de leurs jeunes camarades la gloire d'Auster-
litz et d'Iéna. Comment s'étonner que cette
armée ait hésité à défendre contre le peuple,
portant le drapeau tricolore à la main, le gouvernement sorti de l'invasion?

En un mot, revenue à la suite de l'étranger pour prendre la place d'un pouvoir qui était la double consécration de la démocratie et de la gloire, la Restauration se trouvait placée dans une position également fausse, soit qu'elle voulût essayer de reconquérir l'opinion publique, soit qu'il s'agît pour elle de pouvoir compter sur le dévouement du soldat.

Et c'est ce qui explique comment s'est opérée aussi facilement contre la Restauration une révolution qu'il n'eût même pas été possible de tenter contre les Bonaparte.

A la vue de cette révolution de 1830, mère de tant d'autres ; à la vue surtout des causes qui ont préparé son avénement, les gouvernements européens ont dû comprendre enfin combien fut profond leur aveuglement en 1815, lorsque, pour refaire, tentative insensée, l'ordre sans la révolution, ils ont détruit l'ordre qui s'était fait si miraculeusement avec elle, sous l'empire !

CHAPITRE III.

De la révolution de **1830**. — Nouvelle assiette du pouvoir. — Puissance de son origine.

Le gouvernement sorti de 1830 s'est trouvé dans les conditions les plus heureuses de force et de durée.

Le mouvement populaire de juillet venait de relever les deux principes fondamentaux de notre époque, principes que la révolution de 1815 avait vainement essayé d'étouffer. L'indestructible esprit de 89 reprenait ses droits ; et de son côté l'esprit de nationalité s'était vengé. Le gouvernement de 1830 pouvait donc s'appuyer avec une égale sécurité sur le patriotisme et sur la démocratie.

Peu de gouvernements, dans l'histoire, ont, à leur origine, mieux répondu à l'ensemble des besoins de leur temps.

Sans doute, la satisfaction aux griefs et aux besoins du pays eût été plus complète, si 1830 eût relevé ce qui était tombé en 1815. Alors la nationalité et la démocratie eussent retrouvé dans la famille des Bonaparte leur vrai symbole.

Au lieu d'une quasi-légitimité révolutionnaire, la France se fût replacée sous la véritable légitimité de ce siècle, — la légitimité de 89.

Mais la nationalité et la démocratie souffraient tant depuis 1815, qu'on accepta la quasi-légitimité nationale et démocratique du nouveau roi avec reconnaissance, avec trop de reconnaissance pour qu'il y eût arrière-pensée.

Louis-Philippe devint, en réalité, le souverain de l'opinion publique. S'il est tombé, c'est qu'il n'a su ni la comprendre ni la gouverner.

Il est vrai que des idéologues et des légistes donnent d'autres causes à la chute du roi Louis-Philippe.

Les uns disent que tout pouvoir sorti de l'insurrection doit périr par l'insurrection.

Aux idéologues répondons par des faits.

Est-ce que la maison actuelle d'Angleterre n'est pas aussi sortie de l'insurrection? Elle a cependant un siècle et demi d'existence, et rien n'annonce encore qu'elle soit près de finir. Les Stuarts, eux au contraire, pour n'avoir pas ramassé leur couronne dans une insurrection, n'en sont pas moins tombés deux fois, une fois de moins que les Bourbons de la branche aînée dont les légitimistes, que nous sachions, n'attaquent pas l'origine.

D'autres, s'attachant plus aux formalités qu'à la métaphysique, prétendent que la royauté du 9 août était un escamotage ; et que pour devenir un gouvernement durable, il lui eût fallu la sanction de l'appel au peuple. C'est à l'absence de cette sanction qu'ils attribuent principalement sa chute.

Louis-Philippe, au risque d'aggraver la crise de 1830 en prolongeant l'incertitude des esprits, eut-il mieux fait de constater ainsi sa force ? c'est ce que nous n'avons pas à décider ici ; mais ce que nous pouvons assurer, c'est qu'à coup sûr l'appel au peuple ne lui eût point fait défaut.

Eh bien, supposons qu'il y eût eu appel au peuple ; Louis-Philippe fut sorti à une très-grande majorité du scrutin. Mais qu'y aurait-il eu de changé en 1848 ?

Ceux qui l'auraient nommé en 1830, en 1848 ne l'auraient pas mieux défendu, si, pendant dix-huit ans, il avait continué, comme nous

l'avons vu, à blesser mortellement leurs instincts, leurs idées et leurs mœurs.

Les idéologues et les légistes qui expliquent
ainsi la chute du gouvernement de juillet,
ont oublié d'expliquer la chute de l'Empire
par l'entrée, assurément peu constitutionnelle,
de Bonaparte aux affaires.

Pour parler sérieusement, le dix-huit bru-
maire n'a pas plus empêché la grandeur de
l'Empire, qu'il n'a contribué à sa chute.

De ce que je n'accepte point ces critiques
sur l'origine du gouvernement de juillet, je
suis loin de conclure qu'un gouvernement ne
puise pas une grande partie de sa force dans
les conditions même où il a pris naissance.

Seulement je comprends d'une autre façon
ce que l'on doit entendre par l'origine d'un
gouvernement.

Pour moi, un gouvernement ne tire pas sa
véritable origine de tel ou tel fait particulier,

de tel ou tel accident par lequel il commence.

Sa véritable origine consiste en réalité dans l'état général de l'opinion publique au milieu de laquelle il a pris naissance, dans la nature des intérêts dont se compose et que résume cet état de l'opinon. Suivant que ces intérêts sont passagers ou durables, l'opinion publique laissera tomber bientôt ou soutiendra longtemps le pouvoir qu'elle a élevé pour les défendre. Peu importe, pour la durée de ce pouvoir, qu'il soit sorti d'une émeute de la rue, d'un mouvement de l'armée, d'un vote parlementaire ou d'un appel au peuple!

La longueur de la vie d'un arbre dépend bien moins de la façon dont cet arbre a été planté, que de la nature du sol où il pousse racine.

Si la maison de Hanovre occupe depuis un siècle et demi le trône d'Angleterre dont elle s'empara après une tentative infructueuse de restauration des Stuarts, c'est qu'à la fin du dix-septième siècle elle résumait en elle les deux éléments principaux de l'opinion publique , les deux tendances les plus persistantes dés annales d'Angleterre : c'est-à-dire la double volonté du peuple de faire prédominer à la fois la suprématie de l'Église anglicane et celle du parlement. Le trône fondé par Guillaume a été et il devait être inébranlable comme l'était cette double volonté de l'Angleterre.

Comme les Stuarts, Louis XIV a été aussi chassé de sa capitale ; la république fut même proclamée à Paris et sur plusieurs points importants du territoire. Mais comme l'insurrection de la Fronde n'avait pas de motifs sérieux, comme elle n'obéissait point à des causes générales, Louis XIV ne tarda pas à rentrer à Paris. La Fronde, en effet, ne correspondait ni à un besoin de transformation sociale, ni à un déplacement de l'autorité politique entre les diverses classes du pays. Ce n'était que querelles de grands se disputant entre eux du

partage de priviléges encore incontestés. Il s'a-
gissait, avant tout, pour plaire aux uns, de
faire, malgré les autres, remplacer Mazarin par
un nouveau ministre. D'une pareille cause, il
ne pouvait sortir, quel que fût le génie révolutionnaire du cardinal de Retz, une modification réelle et durable de la forme du pouvoir.

Quand les Bourbons de 1815 sont rentrés
en France, beaucoup de gens se sont mépris
sur le véritable état de l'opinion publique à
leur égard.

Louis XVIII aux Tuileries mettait fin à la
crainte qu'eut un moment la France, et non
sans quelque raison, de se voir partagée par ce
million d'étrangers en armes qui couvraient
son territoire. De là, pour les Bourbons, quelques moments d'une popularité illusoire.

En face de la nationalité menacée, et
que sauvait le retour de la vieille monarchie,
on n'avait pas le temps de songer aux prin-

cipes conquis en 89, dont ce même retour était la négation. Mais, l'invasion retirée, lorsque la nationalité cessa d'être en danger, les Bourbons se trouvèrent seuls en présence de la révolution, dont la France se souvint alors. Une nécessité passagère les avait fait accepter; ils allaient se briser contre une nécessité permanente.

Si Louis XVIII, au lieu de se présenter une charte octroyée à la main, et de se renfermer dans le droit de ses pères, eût accepté l'appel au peuple que lui proposait le sénat, la restauration eût probablement eu ses premiers jours plus faciles, mais non son avenir plus certain. L'heure serait toujours venue où la nationalité se serait rappelé l'invasion, où la démocratie aurait reconnu les ennemis de 89 !

Nulle fortune politique ne prouve mieux que celle des Bourbons de 1815 que l'opinion publique ne donne qu'une faveur et

qu'une force passagères à qui n'a répondu
qu'au besoin d'un moment.

Bonaparte, au contraire, en montant sur
le trône, répondait aux besoins les plus géné-
raux de notre siècle.

Cet homme qui, suivant sa belle expression,
était le *peuple empereur*, assurait l'avenir à la
nouvelle transformation politique de la France.
Aussi Bonaparte, malgré des erreurs, n'est pas
tombé devant le pays ; il n'est tombé que devant l'étranger, et le pays étant vaincu ! La
famille de Bonaparte pouvait compter sur l'o-
pinion publique jusqu'au moment, fort éloi-
gné sans doute, où cette opinion se serait avi-
sée de rappeler l'ancien régime.

Quant à la révolution de 1830, comme elle
n'était que le retour et le triomphe des principes de 89, je n'ai pas besoin de dire que
cette révolution donnait à la royauté du 9 août
les mêmes conditions de puissance et de durée que la révolution de 89 avait données à

l'Empire, au commencement de ce siècle.

Si donc Louis-Philippe est tombé, lui qui n'est pas, comme l'empereur, tombé devant l'éranger, il n'est tombé que devant ses fautes.

Qu'on ne m'accuse pas de ne donner aux gouvernements qu'une base incertaine, en leur donnant pour base l'opinion publique !

L'opinion des hommes ne se compose point d'une suite de changements, indépendants les uns des autres. Elle n'est sans règles, ni sans lois, que pour ceux qui vivent au jour le jour et n'observent que les accidents de sa surface. Quand on contemple l'opinion de plus haut et qu'on l'étudie dans son ensemble, on la voit, malgré toutes ses inconséquences apparentes, suivre d'une façon constante le développement des grands intérêts de l'humanité : semblable, en cela, à ces larges fleuves dont le vent trouble et agite la surface dans tous les sens, mais qui n'en ont pas moins, malgré la mobilité des vents, la pente de leurs eaux invariable et certaine.

Nous examinerons dans le prochain chapitre comment il a fallu dix-huit années de fautes pour renverser le gouvernement de 1830, qui avait puisé tant de forces dans son origine.

CHAPITRE IV.

De la révolution de 1848, ou des causes qui l'ont rendue, non pas nécessaire, mais possible.

Nous avons établi que plus que jamais la civilisation moderne devait s'appuyer sur l'esprit de nationalité.

Ce point d'appui était plus indispensable encore au gouvernement de juillet qu'à tout autre gouvernement de l'Europe. En effet la révolution de 1830 n'était pas moins une revanche contre l'invasion de 1815, que le réveil des principes démocratiques.

Eh bien! il n'est pas une seule des dix-huit années du règne de Louis-Philippe qui n'ait été employée à détruire cet élément qui devait être le plus considérable de sa puissance, l'esprit de nationalité. Aucun gouvernement de notre pays, sans excepter Louis XV, ne s'est tenu plus constamment à genoux, et plus bas devant l'étranger.

Et comme pour faire accepter un pareil abaissement à un pays, qui, avant tout, a l'habitude et le besoin des grandes choses, Louis-Philippe ne pouvait compter sur le peuple, il devint fatalement l'adversaire systématique de toute manifestation de l'opinion publique; il nia la démocratie, après avoir méconnu la nationalité.

C'est ainsi que, par une première faute entraîné dans une seconde, la royauté de juillet a renié sa double origine.

Dans une situation aussi fausse, le gouvernement ne pouvant, dès lors, s'adresser aux instincts généreux, il s'adressa aux instincts

grossiers ; et de là naquit naturellement le système de la corruption.

Quand on est réduit à avoir besoin d'une
chambre qui vote des indemnités Pritchard,
il faut bien s'être arrangé de façon que, dans
le corps électoral, il n'y ait plus que des appétits à satisfaire et des consciences à vendre.

Ce système honteux ne pouvait s'établir
définitivement en France. Cependant il a duré
dix-huit ans, grâce à l'organisation imparfaite
du pouvoir parlementaire. La Chambre des
Pairs n'existait que nominalement ; toute la
puissance était dans la Chambre élective, et
comme cette Chambre se renouvelait en to-
talité à chaque élection, le pouvoir corrupteur
n'avait qu'à réussir une seule fois, dans un
de ses coups de main électoraux, pour n'avoir
à répondre de la corruption que devant les
corrompus ; et pour qu'alors les fautes du
pouvoir ne trouvassent plus de point d'arrêt dans le jeu naturel des institutions.

A cette imperfection des institutions parlementaires, vinrent s'ajouter les talents funestes de quelques hommes.

Vue à découvert, la politique de Louis-Philippe eût été rejetée à l'instant même. Pour masquer tant de petitesses, il fallait la grande parole de M. Guizot ; de même que, pour empêcher l'esprit théorique du grand orateur d'échouer devant les premières difficultés de la pratique, il a fallu toutes les aptitudes spéciales, et l'habileté de main de M. Duchatel.

Pour le malheur de la France, ces causes réunies ont permis à cette politique de peser assez longtemps sur le pays, pour que le pays ait fini par identifier ensemble le système de Louis-Philippe avec la couronne héréditaire de juillet ; et qu'au lieu d'imposer une autre politique au roi, il en soit arrivé jusqu'à renverser la royauté, au jour de la révolution du mépris.

A force d'habileté, Louis XVIII était par-

venu à rendre presque possible le rétablissement de sa maison.

Seulement pour que l'œuvre eût pu se consolider, pour qu'une réconciliation entre la
restauration et la liberté moderne eût eu le
temps de devenir durable, il n'eût pas fallu
moins d'un demi-siècle de cette haute habileté. Car il eût fallu que deux générations fussent descendues dans la tombe, pour y entraîner avec elles le souvenir de la lutte des Bourbons contre l'avénement de la société nouvelle
de 89.

Charles X, lui, est tombé pour n'avoir pas
compris, comme son frère, les nécessités nouvelles du temps ; pour s'être souvenu, le jour
des *Ordonnances de Juillet*, qu'en 1814, la
Charte avait été appelée *Ordonnance de Ré-
formation*.

Charles X, en 1830, est mort de son principe.

Quant à Louis-Philippe, inintelligent de ses

devoirs comme de ce qui devait faire sa puissance, ne comprenant pas plus son époque que Charles X la sienne, se croyant faible par ce qui le faisait fort, mettant la ruse et l'astuce là où il ne fallait que loyauté et droiture d'esprit, il est mort pour avoir renié sa double origine.

L'histoire le jugera d'autant plus sévèrement que sa tâche était facile ; elle le déclarera d'autant plus coupable qu'il a jeté son pays dans le gouffre sans fin d'une révolution sans cause.

Car on ne peut accepter comme la cause suffisante d'une révolution gné rale, le simple besoin d'une réforme partielle.

Si l'on veut en effet une preuve de plus que la révolution de 1848 n'avait point de cause sérieuse dans la société française, il suffit d'observer la profonde incapacité des hommes que ce mouvement a portés aux affaires.

Quand une révolution a des causes profondes et nombreuses dans un pays, elle n'est point prise au dépourvu, au jour de son avénement. Elle ne manque jamais d'hommes pour la conduire : depuis longtemps les hautes intelligences lui appartiennent ; elles sont à l'œuvre pour préparer sa venue.

On peut prendre pour mesure de la nécessité d'une révolution, c'est-à-dire de sa légitimité, la grandeur des hommes qu'elle produit.

Turgot, Necker, Sieyès, Mirabeau, Danton, Condorcet, Carnot, etc., appartiennent à la révolution de 89. La république du 24 février, réduite à des gens dont je n'écris pas les noms, parce que je ne fais pas de pamphlet, a été obligée, au bout de quelques mois, pour diriger les affaires, de redemander ses hommes à la monarchie.

C'est que de 1830 à 1848, rien dans la société française n'avait rendu nécessaire une révolution ; les fautes seules du gouvernement l'ont rendue possible.

CHAPITRE V.

Les révolutions qui n'ont pas de cause la veille, n'ont pas de but le lendemain.

Le lendemain d'une révolution sans but véritable, c'est le chaos.

Alors, société, gouvernement, tout est remis en question. Les idéologues, les utopistes, les sectaires, les vieux partis, sans parler des intrigants, se présentent tous à la fois, chacun, son drapeau à la main sur lequel il inscrit sa chimère, prétend entraîner la société à sa suite, expliquant le passé à sa guise, pour mieux asservir l'avenir à ses rêves.

10

Tel est le triste spectacle que nous avons sous les yeux depuis deux ans.

La ruine du pays est au bout d'une pareille situation, pour peu qu'elle se prolonge.

Il est déjà grand temps qu'il y soit mis un terme.

La première partie de cet écrit a prouvé que la république, c'est-à-dire un gouvernement qui s'appuie tout entier sur l'élection, est impuissant non-seulement à développer, mais même à conserver les éléments de la société actuelle.

Pour quiconque veut que la société reste assise, comme par le passé, sur ses bases fondamentales : la nationalité, la propriété et la famille, il n'y a donc plus qu'à choisir entre les différentes manières de faire concourir le principe de l'hérédité à la conservation de cette société :

Ou, en d'autres termes, il n'y a plus qu'à choisir entre les différentes maisons qui ont régné sur la France, celle qui doit redevenir désormais la base du pouvoir héréditaire.

CONCLUSION.

———

NAPOLÉON II.

UN D'ORLÉANS. — HENRI V.

Il y a trois maisons héréditaires en présence ; mais, dans la société moderne, il n'y
a qu'une hérédité possible.

A cette hérédité est attaché le maintien
de l'ordre, le salut de la société.

Ceux qui nous ont lu, connaissent déjà
sur quelles considérations s'appuie notre

10.

conviction à cet égard. Cependant, résumons-les en quelques mots.

Appliqué à la personne du chef de l'État, le principe de l'hérédité n'a pas seulement pour but de donner au gouvernement force et tranquillité; c'est aussi un moyen puissant de tradition, et un symbole de foi politique.

A ce point de vue, aucune des deux branches de Bourbon ne peut être comparée à la maison de Bonaparte.

La démocratie de 89, comme toutes les grandes transformations politiques, a le droit d'être gouvernée par une maison qui soit sortie de son sein, pour que, sortie d'elle-même, cette maison ne puisse représenter qu'elle.

Les Bourbons aînés sont les ennemis naturels de la révolution; il est contre nature qu'ils se donnent pour les hommes de la démocratie.

Les Bourbons cadets, il est vrai, en face des Bourbons aînés et les Bonaparte absents, pourraient prétendre, jusqu'à un certain point, représenter la révolution. Mais en face des Bonaparte, un d'Orléans est un Bourbon; il est le représentant du passé.

Un Bourbon peut être imposé à la démocratie, mais elle ne l'acceptera jamais sans arrière-pensée. Jamais un Bourbon, quelle que soit sa branche, ne fera oublier à la démocratie la maison de Bonaparte, la fille aînée de la révolution.

C'est sous les Bonaparte que la démocratie a pris place parmi les gouvernements réguliers.

Durant le Consulat et l'Empire, la révolution de 89 qui, pendant dix années, n'avait été qu'anarchie, devient la société la mieux administrée, la mieux gouvernée ; et, qui plus est, la plus gouvernable d'Europe. Sous le second Bonaparte, la démocratie française, qui était l'effroi des pouvoirs établis en Europe, vient de prendre une large et glorieuse part, la première, au maintien de l'ordre européen, par l'expédition de Rome (1).

(1) L'expédition de Rome a été et est encore l'objet des plus violentes attaques de la part de ceux-là même qui font de la souveraineté du peuple le principe fondamental de leur politique.

Si les partis, en temps de révolution, avaient d'autre logique que celle de leurs haines; s'ils tenaient à être conséquents, cette conduite serait difficile à expliquer.

En effet, ou le principe de la souveraineté du peuple ne signifie rien en morale politique, ou ce principe signifie que l'intérêt et les prétentions de quelques-uns doivent céder la place aux besoins et au droit de tous.

Mais alors, dans l'affaire de Rome, comment pouvait-il être, avant tout, question de la volonté du peuple romain, quand, dans cette même affaire, il s'agit nécessairement, et par conséquent il doit s'agir, d'abord, des intérêts et des besoins du peuple catholique ?

L'intérêt de quelques-uns mis au-dessus des besoins de tous, n'est pas autre chose qu'un privilége.

Ainsi, c'est sous le premier Bonaparte que la démocratie devient l'ordre au dedans; c'est sous le second qu'elle se fait ordre au dehors. Sans oublier son passé, sans remettre son avenir en question, la démocratie ne peut se séparer des Bonaparte.

La société nouvelle de 89 a trouvé sa dynastie.

Avec un Bourbon, le peuple craindrait toujours de voir renaître quelques-uns des priviléges du temps passé ; il supposerait toujours à son gouvernement quelque arrière-pensée d'ancien régime.

Quelles fussent fondées ou non, ces appréhensions du peuple deviendraient une arme terrible aux mains des socialistes.

Sous un Bonaparte, cette arme leur tombe fatalement des mains.

Avec un descendant de l'homme de la révolution de 89 , il ne peut être question d'ancien régime.

La nationalité est un des moyens les plus énergiques que l'on puisse opposer à la propagande socialiste. Qui plus que le neveu et l'héritier de l'Empereur, peut s'appuyer sur la nationalité pour parler au peuple?

Quel est le sens véritable de ces soixante mille bulletins, sur lesquels les ouvriers de Paris associaient le nom de Bonaparte à deux noms socialistes?

Le sens de ces bulletins, le voici : Les ouvriers de Paris demandaient qu'on leur rendît les jours de gloire du commencement du siècle, ou qu'on leur donnât les jouissances promises par les apôtres du communisme.

Nationalité ou socialisme, ils donnaient à choisir.

Un Bourbon d'une branche ou de l'autre, eut-il, comme Bonaparte, trouvé dans le prestige de son nom la puissance de prendre sa place à un socialiste, sur les bulletins des socialistes eux-mêmes?

Plus tard, au 13 mai, une grande partie de l'armée avait égaré ses votes sur des noms socialistes.

Le parti de l'ordre trembla alors pour la fidélité de l'armée.

Aurait-il déjà oublié que c'est au cri de vive Napoléon, qu'elle est revenue de son côté ?

En tous cas, eut-il suffi à un Bourbon de passer une revue, pour redonner l'armée enthousiaste aux défenseurs de l'ordre?

Sans doute, quelle que soit la maison hé-réditaire qui l'emporte, les deux autres laisseront des regrets dans le pays.

Mais il y a cette profonde différence, que les Bourbons ne laisseraient de souvenirs que dans les classes élevées, là où l'ordre n'est jamais menacé; ce serait, au contraire, au cœur des masses, là d'où sortent les révolutions, que vivrait l'image de Bonaparte, si, pour un moment, un Bourbon devait l'emporter.

Qu'on se souvienne des difficultés sans nombre que la restauration a trouvées dans les regrets laissés par l'Empereur au cœur du peuple.

Les souvenirs que laisserait l'élu du 10 décembre seraient plus terribles encore pour la dynastie qui prendrait sa place.

Dans l'esprit des campagnes, le prestige

du nom de Napoléon ne serait plus obscurci par la crainte d'une guerre sans fin, ni par le souvenir de démêlés avec la papauté.

L'élu du 10 décembre maintient la paix; et il a relevé le pape.

Que les conservateurs qui seraient tentés de replacer une fois encore leur espoir dans le gouvernement d'un Bourbon, prennent garde de travailler, sans s'en douter, à préparer un nouveau 1830.

Celui-là, qu'ils le sachent, serait au profit des socialistes.

Et si maintenant, de l'examen des faits particuliers à notre temps, nous nous élevons plus haut, jusqu'à l'histoire ; l'histoire, alors, aux nécessités politiques d'aujourd'hui vient ajouter encore ses exemples et ses conseils.

En nous montrant ces grandes transformations politiques ou sociales qui n'ont trouvé leur consécration définitive que dans un changement de dynastie, l'histoire signale assez clairement à la démocratie française la seule route par laquelle elle peut, enfin, sortir de toutes les difficultés où elle s'égare depuis 1815.

Au dix-septième siècle, quand l'Angleterre veut devenir protestante et mettre, une fois pour toutes, la prédominence de son pouvoir parlementaire hors de contestations futures, la nouvelle Angleterre d'alors, après cinquante ans de révolutions, ne trouve une victoire définitive et la paix, que dans un changement de dynastie; qu'après avoir, en 1688, remplacé les Stuarts par la maison de Hanovre.

N'est-ce pas avertir notre société nouvelle qu'elle chercherait vainement à transiger avec le passé, dans une restauration des Bourbons ?

Bien plus haut dans notre passé d'Europe, au dixième siècle, une révolution plus profonde, une révolution à la fois politique et sociale s'accomplit et se termine également par un changement de dynastie.

Au milieu des difficultés de communication chaque jour de plus en plus grandes, pour les hommes, pour les idées, comme pour les choses, le pouvoir centralisateur fondé par Charlemagne luttait en vain, sous ses successeurs, contre son impuissance à gouverner la société. Chaque influence de localité, chaque homme puissant dans sa contrée, qu'il le voulût ou qu'il ne le voulût pas, venait nécessairement en aide au pouvoir central, de moins en moins capable de maintenir l'ordre. L'Europe se faisait féodale.

Mais comme les successeurs de Charlemagne ne pouvaient se résoudre à ne plus demander au passé les traditions d'un gouvernement que cependant ils ne pouvaient plus exercer dans le présent, la société nou-

velle, par la force des choses, bien plus que
par une résolution qu'elle n'osait pas prendre, demanda à une autre dynastie la consécration du grand changement qui venait de
s'accomplir, le nouveau symbole d'une nouvelle foi politique. Pour en finir avec un passé
stérile et grandir à son aise, la féodalité
est conduite par la nécessité à placer sur le
trône de France, une maison sortie d'elle-
même, la maison des Capétiens.

Mais n'est-ce pas dire à la démocratie
de 89 qu'il n'y a pour elle repos et sécurité dans ses conquêtes, que sous le gouvernement de la dynastie issue de son sein,
que sous le gouvernement des Bonaparte?

L'histoire, au reste, ne se borne pas à nous
donner des exemples à suivre; elle nous
signale plus clairement encore les fautes
que nous devons éviter.

Les annales de l'Europe n'ont point encore présenté l'exemple d'une restauration qui ait réussi.

Les Carlovingiens, dans la personne de Louis d'Outre-Mer ; plus tard les Stuarts, après Cromwell ; et de nos jours les Bourbons de 1815, n'ont repris le sceptre de leurs pères, que pour montrer qu'ils ne pouvaient plus le porter.

N'est-ce pas nous dire tout ce qu'il y aurait d'aveuglement ou de folie, à vouloir replacer encore l'un ou l'autre des Bourbons sur un trône qui déjà quatre fois s'est écroulé sous eux ?

Qu'on ne dise pas que ce sera aussi une restauration que le rétablissement de l'hérédité impériale dans la maison de Bonaparte.

11.

Il n'y a restauration que pour les pouvoirs tombés devant leur impuissance à gouverner le pays.

Quant à ceux qui, comme l'Empire, ne sont tombés que devant l'étranger, la nation vaincue, ce n'est pas un parti ou une coalition de partis qui les restaure, c'est la nation qui les relève.

Il y a eu restauration des Bourbons aînés en 1814, en 1815; il y a eu restauration de la république en 1848; il y aurait également restauration des Bourbons cadets, si un Bourbon cadet reprenait la place du roi Louis-Philippe, parce que les Bourbons aînés, parce que la république, parce que les Bourbons cadets ont été, les uns et les autres, successivement rejetés comme gouvernements incapables de faire l'ordre.

Mais le jour où la volonté du peuple reconduirait l'héritier de l'Empereur aux Tuileries, ce jour-là il n'y aurait pas plus de restauration qu'il n'y eut restauration quand Charles VII , l'Anglais chassé de France , rentra dans Paris.

Soit donc qu'on étudie l'époque actuelle dans ses besoins nouveaux, soit qu'on demande à l'histoire ses enseignements; qu'on se place au point de vue du droit que donne le passé, qu'on se place au point de vue du maintien de l'ordre et de la force du pouvoir dans le présent, qu'on se place enfin au point de vue de la durée et de la grandeur du pouvoir dans l'avenir, la conclusion est toujours la même.

L'hérédité des Bonaparte sort victorieuse de ces divers points de vue , comme le nom de Louis-Napoléon, au 10 décembre, est sorti victorieux de chaque urne électorale de France !

Les Capétiens sont nés à la fin du dixième

siècle avec la féodalité; ils devaient disparaître, et ils ont en effet disparu à la fin du dix-huitième, avec la noblesse.

Les Bonaparte sont nés avec la démocratie, c'est à eux de la gouverner.

FIN.

POST-SCRIPTUM.

Cet écrit a été composé tout entier en vue des principes, en dehors des personnes.

Si la révolution de 89 se fût bornée à rompre avec le passé en brisant le trône des Bourbons, et que l'avenir ne se fût pas déjà personnifié dans les Bonaparte; si la France avait eu encore à choisir, au

10 décembre, l'homme qui doit la gouverner, un seul mot suffirait pour justifier le choix du peuple :

Au milieu du trouble de toutes les intelligences, dans une anarchie des opinions et une effervescence des partis jusqu'ici sans exemple, les derniers événements présentent M. Louis Bonaparte comme l'esprit le plus calme d'Europe.

TABLE.

PREMIÈRE PARTIE.

Pages

Chapitre premier. — Ce que c'est qu'un conservateur depuis 1848. — Quels sont ses ennemis.............   9

Chapitre II. — De l'avenir du nouveau parti conservateur.   15

§ I...   16

§ II. — De la révolution de 1848, ou du suffrage universel dans ses rapports avec la politique conservatrice...   27

Chapitre III. — Une république au dix-neuvième siècle et en France peut-elle être conservatrice? — Urgence de poser au plus tôt cette question devant l'opinion publique. — Termes dans lesquels elle doit être posée...   43

Chapitre IV. — De la république dans ses rapports avec la nationalité.   57

Chapitre V. — De la république dans ses rapports avec la famille et la propriété, ou mieux, avec la propriété par famille...   63

Chapitre VI. — De la république dans ses rapports avec le principe de l'inamovibilité des hautes fonctions dans la magistrature, l'armée et le clergé...............   77

Chapitre VII. — De la république dans ses rapports avec la liberté politique et avec la stabilité du pouvoir.....   81

§ I...   82

§. II...   84

Pages

Chapitre VIII. De la république dans ses rapports avec les arts.. 99

Chapitre IX. — De la république dans ses rapports avec les sciences. 105

Chapitre X. — Que la forme républicaine s'adapte mieux aux sociétés aristocratiques qu'à une société démocratique. 109

Chapitre XI. — Ce que les partis espèrent ; ce que le pays doit attendre d'une extension dans la durée du mandat présidentiel, et du principe de la rééligibilité. — Un mot sur une présidence viagère.................... 113

Chapitre XII. — Ce qu'il faut conclure des considérations qui précèdent.. 127

SECONDE PARTIE.

Chapitre premier. — Du rétablissement du pouvoir héréditaire en 1852. — En quels termes la question doit être posée 135

Chapitre II. — De la Révolution de 1815, ou de la Restauration dans ses rapports avec l'ordre, en France et en Europe... 141

Chapitre III. — De la Révolution de 1830. — Nouvelle assiette du pouvoir. — Puissance de son origine...... 149

Chapitre IV. — De la Révolution de 1848, ou des causes qui l'ont rendue, non pas nécessaire, mais possible.... 161

Chapitre V. — Anarchie de l'opinion publique depuis la révolution de 1848. — Du seul moyen d'y mettre un terme. 169

Conclusion. — Napoléon II. — Un d'Orléans. — Henri V. 173
Post-scriptum.. 189

Paris. — Imprimerie Doudey-Dupré, rue Saint-Louis 46, au Marais.